Again 개인 경제

Again 개인 경제

정흥암 지음

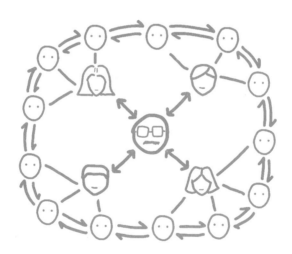

미디어

"최대한 돈을 벌고, 최대한 저축하고, 최대한 기부하라!"

세계 컴퓨터 산업을 주도해온 인텔에서 최고기술책임자CTO를 지낸 팻 겔싱어가 쓴 〈가족과 일과 신앙의 조화〉에 나오는 말이다. 18세기 영국 산업혁명기 때의 유명한 복음 전도사 존 웨슬리가 주장한 내용이라는데, 공감하는 바가 크다.

더 열심히 일하고, 그에 적합한 보상을 받는 성공한 직장인이 되기 위해 노력하라. 그리고 많이 벌어 열심히 기부하라. 일반적으로 부자라고 더 많은 기부를 하는 것은 아니라 한다. 종교인도 마찬가지다. 연말 구세군 자선냄비를 채우는 것은 많은 이름 없는 기부자들의 헌신이다.

따뜻한 시선으로 주변을 한 번 둘러보라. 우리의 행복은 단순히 돈을 더 벌거나 더 쓰는 것만이 아니라 다른 사람들과 시간을 함께 보내는 데서도 온다. 현실은 신앙생활 하는 사람들이 소득에서 자선사업에 기부하는 비율은 종교를 믿지 않는 사람들보다 약간 높을 뿐이라 한다. 그리고 부유하고 선진화된 국가의 사람들이 개발도상국 사람들보다 조금 더 많이 기부할 정도로 척박한 기부문화이다.

이런 사회현실을 근본부터 바꾸기 위해 모두가 노력해야 한다. 보다 나은 세상을 만들기 위해 무엇인가를 해야 하는 것이다. 우리가 돈을 벌고 저축하는 목적이 무엇인지를 생각해 봐야 한다. 나는 믿는 사람으로서 개인 경제를 주목하고 싶다. 우리가 평소 차고 넘치는 물질에 얽매여 생활하면서도 마음이 풍족하지 못한 것은 뭔가 잘못된 것이다. 타성에 젖어 만족하지 못하기 때문만은 아닐 것이다.

우리가 지금 바쁘게 살아가는 이유가 무엇인가? 인간답게 더 잘 살기 위해서다. 그런데 왜 하루하루의 삶은 이토록 힘이 드는가? '출세의 사다리를 딛고 올라서고, 남들에게 부를 과시할 수 있는 물질적 자산을 쌓고, 자녀들을 일류대학에 보내는 그런 세속적인 성공을 위해 허둥대고 있기 때문이 아닐까. 지금이라도 현대 물질문명의 속도와 높이 경쟁에서 벗어나 삶의 균형을 찾아야 한다.'

나는 경제를 이야기하기 위해 인문을 접목했다. 인문이 무엇인가? 사람을 대상으로 하는 학문이다. 사람이 무엇이고 왜 태어났는지, 어떻게 살아왔는지 그리고 어떤 삶이 사람다운 것인지에 대해 공부한다. 다시 말하면 사람이 경제, 즉 사람 경제를 말하는 것이다.

우리가 지금까지 알고 배운 것은 경제가 능력이라는 것이다. 능력을 가진 만큼 경제를 확보하고, 차지한다는 논리이다. 여기에 따라서 좋은 대학, 좋은 직장, 성공과 출세가 결정된다는 이야기이다. 삶은 물론 모든 것이 경제로 귀착을 한다.

이 부분에서 우리나라는 치맛바람이 드세다. 어릴 적부터 치열한 경쟁을 벌인다. 이것이 우리 시대의 암적 현실이다. 우리 사회 어디까지 물질주의가 미치는지 궁금하다. 사회를 보면 절대적으로 능력 위주이다. 만일 이런 능력을 갖추지 못하면 사회적으로 내가 설 발판이 없게 된다. 그러므로 3류 인간이 되고, 취업도 힘들다, 나아가 결혼도 어렵게 된다. 능력이 없는 사람은 자녀도 낳기 어렵다는 것이다. 심지어는 돈이 아니면 효孝도 못한다. 우리 시대의 안타까운 현실이다.

여기서 우리는 돌파구를 찾아야 한다. 능력이 돈, 즉 경제라는 것을 부인할 수는 없다. 그러면 능력이 아닌 다른 경제가 있다는 말인가? 있다! 그것이 바로 이 책이 말하고자 하는 사람 경제이다. 사람이 돈이라는 사실이다. 사람이 경제이다.

우리는 경제를 위하여 좋은 사람이 되어야 한다. 사람이 좋으면 돈이 된다. 여기서 말하는 좋은 사람이란 선한 사람이나 어떤 기능이 빼어난 사람이라기보다는 아름다운 사람, 신선한 사람, 부지런한 사람, 겸손한 사람이다. 한마디로 책임과 의무를 가진 사람이다. 세상은 이런 사람을 찾는다. 정부나 회사에서, 그리고 조직이나 거래에서 이런 믿을 수 있는 사람을 찾고 있다.

어쩌면 지금 우리는 철저한 불신사회를 살고 있다. 인재는 있는데 믿을 사람은 없다는 것이다. 종교적인 의미가 아니라 책임과 의무 차원의 믿음이다. 이 부분에 걸려서 많은 빼어난 인재들이 무너진다. 그리고 능력 있는 사람들이 아웃이다.

하지만 세상은 좋은 사람에게 기회가 주어진다. 나쁜 사람들이 번성하는 것처럼 보이지만 우리는 속지 말아야 한다. 이런 사람들은 결국 파산한다. 길지 못하다. 믿을 수 있는 사람이 최고의 가치이다. 이 세상의 돈은 결국 좋은 사람에게 흘러가게 되어 있다. 그것이 바로 사람 경제이다. 부족하고 능력이 떨어져도 책임감과 의무감에 사는 사람에게 돈, 즉 경제는 풀리게 되어 있다.

이제 당신이 먼저 세상에서 책임을 다하는 사람으로 자기를 드러내기 바란다. 사회에서 의무를 다하는 사람으로 자기를 사르기 바란다. 여기서 경제가 열리기 때문이다. 당신 역시 최대한 돈을 벌고, 최대한 저축하고, 최대한 기부하라!

CONTENTS

1

지갑에 10만원이 있게

우리는 오늘 하루를 박진감 있게 살아야 한다. 우리의 미래는 오늘을 내가 어떻게 사는가에 달려 있다. 모든 것은 오늘이다. 오늘을 망치지 말아야 한다. 다시 말하면 오늘 하루를 부요하게 사는 것이다.

그러기 위해서는 오늘 내가 쓸 수 있는 돈이 지갑에 10만원은 있어야 한다는 말을 하고 싶다. 사람은 아무리 어려워도 지갑에 돈이 있으면 자신감 있게 활동하게 되며, 자연스럽게 여러 사람들을 만나게 된다.

사람은 누군가를 만나 최소한 밥값은 낼 수 있어야 하며, 그리고 커피 한 잔을 살 수 있는 여유가 있어야 한다. 이렇게 되면 많은 사람을 만나게 되면서 분위기를 주도하게 된다는 것이다.

그런데 왠지 고개를 갸우뚱하게 된다. 지금처럼 그다지 넉넉하지 않은 생활에서 매일 10만원을 쓴다면 한 달이면 300만원을 쓰라는 말인가? 그런 말이 아니다. 사람들과의 관계는 누군가 한번 사면 한 번은 얻어먹게 되어 있다. 대접을 하면 다음에는 대접을 받게 되는 것이다. 이렇게 보면 이러저러한 사람을 만나는데 한 달에 100만원 정도면 가능하게 된다.

중요한 것은 늘 내 주머니에 10만원이 들어 있어야 한다는 사실이다. 사람은 대접을 하면서 거래와 관계가 이루어진다. 대접을 하지 아니하면 진정한 만남이 이루어지기 어렵다. 따라서 여기서 내가 이야기하고자 하는 것은 누군가를 만나 대화를 주고받기 위해서는 적어도 식사 한 끼, 커피 한 잔 정도는 상대에게 대접할 여유가 있어야 한다는 말이다. 만남이 이루어지고, 대화가 되는 데서부터 세상일은 열리는 것이다.

모든 일은 사람을 만나는 데서부터 열린다. 그리고 대화가 이루어지면서 계기가 된다. 보통 사람들이 어디에서 역사가 일어나는지를 보라! 밥 먹으면서, 커피 마시면서이다.

지난주에 길을 걷다가 우연히 어떤 40대 남자가 한 사람에게 식사 대접을 하고 싶은데 시간 좀 내어달라고 간곡하게 부탁하는 것을 보았다. 제 개인적인 생각으로는 이 사람이 뭔가를 그에게 부탁하려는 태도가 아닌가 싶었다.

그는 이런 자리를 마련함으로써, 무엇인지 모르지만 분명 자신이 원하는 것을 부탁하여 얻어낸다는 것이다. 이런 면에서 돈이 없고 형편이 넉넉하지 못하더라도 자신의 지갑에 늘 10만원은 갖고 있어야 한다는 말이다. 이것은 누구를 막론하고 어디에서나 통하는 지혜이다.

그리고 더 중요한 것은 자신의 지갑에 적어도 10만원이 있으면 자신 있게 사람들에게로 나아간다는 것이다. 이 부분이 우리에게는 무척 중요하다. 돈 10만원을 쓸 수 있는 사람은 하루가 당당하다. 그리고 어디든지 과감하게 갈 수 있다. 여기서 관계가 이루어지면서 새로운 일들이 발생하는 것이다.

이 세상 모든 일들은 사람을 만나면서 이루어지는 것이다. 내가 누군가를 대접하면서 나에게 좋은 정보와 새로운 역사가 일어난다는 사실이다. 좀 극단적으로 말하면 지갑에 10만원이 없이는 일이 일어나지 않는다는 것이다. 이런 사람은 다른 사람을 움직일 수 없고, 어떤 사람의 마음을 살 수가 없다.

우리가 돈을 번다는 것과 성공한다는 것은 사람을 만나서부터이다. 그리고 자연스레 대화가 이루어지면서 경제는 열린다. 따라서 돈 없는 젊은이들에게, 빠듯한 용돈으로 사는 직장인들에게 특히 지갑의 10만원이 필요하다는 말을 하고 싶다.

부모는 어려워도 자녀의 지갑에 10만원을 채워주기를 바란다. 나아가 아내들은 남편의 지갑에 10만원을 만들어 주어야 한다. 이렇게 됨으로써 좋은 사람을 만나게 된다. 훌륭한 사람들과 원활하게 대화가 된다.

이 세상을 크게 사는 사람들이 누구인가? 돈을 쓰는 사람이다. 돈을 쓰는 사람에게 사람들이 몰려든다. 여기서 성공과 출세, 그리고 부요가 나오는 것이다. 까마귀가 씨를 물어오듯이 이 세상의 모든 재물은 사람에게서 온다는 사실이다. 내가 돈을 쓰면 자연스럽게 사람들과 관계가 이루어지고, 만남이 성사된다.

여기서 중요한 것은 대접이다. 만나는 사람에게 식사 한 끼를 대접하라! 누구를 만나든지 감사하는 마음으로 커피를 대접하라! 그리하면 그들은 나에게 씨를 물어오는 까마귀가 될 것이다. 성경에서도 '대접'을 말하고 있다. 대접을 받고자 하는 사람은 먼저 대접을 하라고 하신다. 이 대접이 최고의 비즈니스이다.

이 세상에는 거짓과 사기가 난무한다. 그리고 나쁜 사람들이 많다. 하지만 우리가 알아야 할 것이 하나 있다. 대접은 누구에게든지 헛되지 않는다는 것이다. 어떤 사악하고 나쁜 사람도 자기를 대접한 사람에게는 반드시 선善으로 갚는다는 사실이다.

오늘날과 같이 불합리한 사회에서 우리가 든든히 서 가기 위해서는 대접함으로 사는 것이 필요하다. 원수도 대접을 하면 좋은 사람으로 다가오는 것이다. 돈밖에 모르는 구두쇠도 대접하는 사람에게는 반드시 대접으로 돌려준다는 사실이다. 우리는 이 세상을 승리하기 위하여 사람의 심리를 알아야 한다. 사람은 누구나 대접을 받고자 한다.

우리는 성공적인 인생, 승리 인생을 살아야 한다. 그러기 위해서는 대접해야 한다. 구두쇠, 욕심쟁이, 돈밖에 모르는 사람, 자기밖에 모르는 사람이라는 말처럼 우리 사회에서 흔히 하는 말이 있다. 이런 사람들의 굳은 마음을 한순간에 풀어주는 것이 대접이다.

욕심쟁이일수록 남에게 대접을 받는 것을 크게 여기는 것이다. 자기를 대접하는 사람에게는 반드시 지갑을 열게 되어 있다. 이심전심以心傳心이다. 자기를 대접하는 사람을 잊지 않는다. 그러므로 우리는 대접하는 인간관계를 해야 한다.

특히 남자들은 술 대접을 크게 생각하는 경향이 있다. 명색이 목사인 저는 명절에 코스트코 할인점에서 3만원 정도의 양주를 여러 병 사서 차량 트렁크에 가지고 다닌다. 교회 다니는 사람 가운데도 술을 좋아하는 사람들이 있다. 그들에게 건네면 받는 사람들이 얼마나 좋아하는지 모른다. 접대로 사람의 복잡하고 피곤한 마음이 풀리는 것을 보게 된다. 나는 가끔 이웃 어른들에게 술을 대접하기도 한다. 그러면 이 어른들이 얼마나 좋아하시는지 모른다.

우리 인생이 풀리기 위해서는 가까운 사람에게 대접을 해야 한다. 부모님이나 아이들을 대접하는 것부터 시작하라. 그리고 주변을 둘러보면 내 따뜻한 손길을 기다리는 사람들은 널려 있다.

우리가 만나는 사람들, 주변에 힘들게 살아가는 이웃들에게 밥 한 끼, 커피 한 잔의 대접은 그 파급 효과가 얼마나 큰지 모른다. 짐승의 세계에서 영역을 확보한다는 말을 한다. 마찬가지로 어려울 때 대접하는 것은 내 영역의 확보는 물론 내 영역을 확장하는 것이다.

자본주의 사회에서 선진국은 개인 경제가 힘들게 되어 있다. 이것을 극복하는 것이 대접이다. 이런 면에서 경제적으로 어렵고 힘들수록 내 지갑의 10만원이 나를 발전시키는 원동력임을 인식하고, 더 힘을 내자.

2

현금 1억원이 있게

사람은 건강에서 자신감이 나온다. 건강하지 아니하면 매사에 자신감이 떨어진다. 그만큼 우리가 사회성을 갖는 데는 몸이 중요하다. 그러므로 우리는 평소 건강한 육체를 만들기 위해 노력해야 한다.

지금은 비주얼 시대이다. 사람의 얼굴이나 헤어스타일, 패션, 외모… 이런 것들이 현실적으로 우리에게 자신감을 높여준다. 요즘 젊은 남자들은 성형과 화장도 많이 하는데, 나는 이것을 나쁘게 보지 않는다. 필요하다는 것이다.

우리가 세상을 무엇으로 사는가? 사실은 돈이다. 옛날에는 몸으로 또는 힘과 기술로 일을 하였다. 나아가 고급 인력들은 지식으로 일을 했다. 그런데 지금 우리 시대는 결코 그것이 아니다. 돈으로 일을 하는 것이다. 사랑도 돈으로 한다. 돈 없이는 사랑이 불가능하다. 따지고 보면 사랑한다는 자체가 다 돈으로 이루어진다.

효도도 돈으로 한다. 지난 시대에는 자주 찾아뵙는 것과 문안 드리는 것으로 효를 실천했다면, 우리 시대는 넉넉한 용돈을 드리는 것이 효이다. 전에는 자주 얼굴을 보고 만나는 것이 기쁨이었고, 행복이었다. 그런데 지금은 그렇게 하면 뭔가 아쉬움이 남는 것은 물론 미움 받는다. 외식으로 대접을 해야 한다. 그러므로 경제적으로 여유가 없으면 불효자식이 되고 만다. 좋은 자식이 되지 못한다는 사실이다.

이렇게 보면 우리 시대는 모든 것이 돈으로 통하는 것이다. 돈이 아니면 안 통한다. 부모 자식 간의 단절, 부부 관계도 단절이다. 경제적인 충족이 안 되면 부부의 애정에도 문제가 생기는 것이다. 바로 이 부분이 우리 시대의 현실이다. 돈으로 인생을 사는 세상이다.

그렇다면 우리는 돈을 얼마나 가지고 살아야 하는가? 사람마다 다르겠지만, 제가 생각하기에는 1억원은 가지고 있어야 안정적으로 살 수 있다. 여기서 문제는 부동산 재산은 아니라는 것이다. 지금 당장 현금으로 활용이 가능한 금융자산 1억원을 소유하는 것이다. 내가 필요하면 언제든지 사용할 수 있는 현금 1억원 말이다.

우리 시대의 구조적인 모순이 이것이다. 우리가 재산으로 꼽고 있는 집과 땅과 같은 부동산은 우리의 신용이 아니다. 크레드 cred가 되지 않는다는 것이다. 어떤 일을 하는데 있어 제한이 있을 수밖에 없다. 우리는 이 부분에서 분명한 대안을 세워야 한다. 그것이 현금 1억원이다.

우리의 재산을 현금화시키는 것이 바른 대안이다. 물론 금이나 달러를 모으는 것도 가능하다. 이런 것들은 원하면 곧바로 현금으로 만들 수 있기 때문이다.

무엇보다 우리가 그 1억원 중 일부를 무슨 일에 투자를 한다든지 해서 소비를 했다면 이내 그것을 채워 다시 1억원을 만들어 놓는 것을 원칙으로 생활을 해야 한다. 그 이유는 자신이 맘껏 쓸 수 있는 현금 1억원이 수중에 있으면 항상 여유를 갖고 살 수가 있기 때문이다.

현재 우리나라 사람들을 보면 다들 여유롭게 산다. 좋아하는 운동, 여행, 취미, 문화생활을 즐긴다. 그런데 사실은 자기 여유 없이 빚으로 사는 사람들이 많다는 것이다. 집도 빚, 자동차도 빚, 심지어는 생활도 빚으로 한다. 그리고 그 빚을 갚고 또 빚을 지고… 그것이 빚인 줄도 모르고 반복되는 빚 생활의 연속이다.

이렇게 되면 사람은 초조하게 된다.

이제는 내 돈 1억원으로 사람들을 만나고, 물건들을 사고, 문화생활에 소비해야 한다. 그리고 그렇게 부족해진 돈을 빠른 시일 안에 채워 넣어 다시 1억원을 만들어 놓는 것이다. 여기에 사람은 재미가 생기고, 절로 행복감이 오는 것이다. 나아가 이런 사람은 항상 여유를 즐기게 된다. 언제나 부자로 사는 것이다.

제가 잘 아는 어느 중국인 부부 이야기인데, 한국에 와서 낮밤 가리지 않고 부부가 2년 동안 억척같이 일해 현금 1억원을 모았다고 한다. 투 잡을 뛰는 등 고생스럽기는 했지만 한국에서 현금 1억원을 모으는 것은 그리 어렵지 않았다고 부부는 담담하게 말했다.

나는 이 부분을 매우 중요하게 생각한다. 다들 생활이 힘들고 어렵다고 하지만 이들 부부처럼 열심히 노력한다면 그래도 우리 사회는 아직 희망이 있다는 사실이다. 그렇게 1억원이 모아지면 이제 돈이 돈을 벌게 된다. 무엇보다 우리 안에 불안과 치사함이 없게 되고, 매사를 긍정적으로 바라보게 되는 것이다. 세상을 당당하게 사는 것처럼 아름다움이 없다. 이런 사람에게는 돈이 붙게 되어 있다.

사람이 수중에 현금 1억원이 있으면 저절로 매너가 있게 된다. 그리고 돈 쓰는데 치사함이 없게 된다. 우리는 인생을 행복하게 살아야 한다. 바로 이것이 여유에서 온다. 그런데 현대인들은 대부분이 빚쟁이다. 카드대금, 대출금, 이자 갚기에 허덕인다. 이것은 사람의 피를 말리는 것이다. 지금부터라도 과감하게 생활 태도를 바꿔야 한다. 아끼고 노력해서 1억원을 모아 내 돈으로 구매하는 것이다.

지금껏 우리는 알게 모르게 빚쟁이로 살아왔다. 자신이 빚쟁이임을 자각한다면 그동안 당연시해온 무분별한 소비가 기쁨은커녕 인생이 초라해지고 만다. 인생을 충동적으로 살면 불행해진다. 하지만 우리는 그동안 충동적으로 집을 사고, 충동적으로 자동차를 구매했다. 그렇기에 좋은 집에서 살고, 고급 자동차를 타고 다니면서도 행복은 없다. 아무런 여유도 누리지 못한다. 어떤 기쁨도 거기서 느끼지 못하는 것이 현대인들의 불행이다. 이것이 우리나라 중산층의 현실이다. 그리고 중년층의 불행이다.

이제 우리는 개인 경제를 든든하게 만들어야 한다. 그것이 현금 1억원이다. 카드로 쉽게 살고, 은행 대출로 큰일을 이루고, 남의 돈을 빌려 잘 사는 것은 비정상이다. 문제는 비정상에는 끝이 없다는 사실이다. 끝까지 가난, 끝까지 빚쟁이다. 이 비극을 자녀에게 전수하는 것은 죄罪다.

그러므로 비정상에 놀아나지 않기를 바란다. 우리 시대는 비정상의 부자, 비정상의 권력, 비정상의 행복, 비정상의 종교에 빠져서 헤매고 있다. 오늘도 기업들은 우리에게 비정상으로 물건을 사도록 부추겨서 큰돈을 번다. 이것은 당연히 기업의 정상 수단이다. 그런데 어리석게도 여기에 놀아나서 빚으로 물건을 구매한 우리의 책임이 크다. 우리는 지난날의 성장을 자제하고 이제는 새로운 시대정신을 가지고 살 필요가 있다.

앞으로는 개인의 노력이나 소자본으로 할 수 있는 일이 없다. 그리고 돈이 없는 가난한 사람이 돈을 번다는 것은 거의 불가능하다. 이런 현실을 인지하고 개인 경제를 탄탄하게 쌓아야 할 때이다. 그 실천이 1억원의 현금을 가지고 사는 것이다. 그리고 그 1억원에서 쓴 돈을 채우는 일을 열심히 할 때 우리 가정은 든든히 서 가며, 하루하루의 삶이 재미가 있다는 사실이다.

지금 우리 시대는 긍정적인 면이 크다. 그것은 우리가 인생을 바르게 설정만 한다면 얼마든지 기회가 있다는 것이다. 우리 부모 세대에서는 이런 부분에서 사회적 기회가 없었다. 가난을 극복하기가 어려웠다. 그러나 우리 시대는 완전히 다르다. 국력이 있다. 생활 수준이 높아졌다. 모두가 잘 사는 사회가 된 것이다.

그런데 문제는 잘 살면서도 사람이 빈곤하다. 나 홀로 개인주의가 되었다. 그러면서도 누구 하나 내 인생을 책임지는 사람이 없다. 얼마든지 홀로서기 할 수 있는 데도 여전히 부모에게 의지하려 한다. 이것은 구태이다.

그러한 삶을 탈피하기 위해 지금 당장 해야 할 일은 모든 것을 절제하고 1~2년을 투자해 먼저 1억원을 만드는 것이다. 이후에 펼쳐지는 인생의 시너지는 상상 그 이상이다.

3

잔돈이 있게

      잘 사는 부자들이 돈을 쓰지 않아서 주변 사람들에게 욕을 얻어먹는 것을 어렵지 않게 볼 수 있다. 돈은 많은데 잔돈에 인색한 사람들이 흔하다. 고급 외제차를 타고 다니면서도 남들에게 인색한 사람들이 있다. 궁전 대궐 같은 집에 산다고 엄청 자랑을 하면서도 밥 한 끼 사지 않는 좀생이들이 즐비하다.

      우리가 그들 내면을 들여다본다면 이 부분을 이해할 수 있다. 이런 부자가 주변 사람들에게 치사한 행동을 하는 데에는 다 그만한 이유가 있다는 말이다. 이 사람들이 인색하다느니, 또는 노랑이나 졸부라고 비난만 할 일이 아니다.

왜 많은 재산을 가지고 남들에게 비난을 받는가? 그 이유는 잔돈이 없다는 것이다. 생각해 보라. 재산 가지고 커피 살 수는 없다. 큰돈 헐어서 밥을 살 수도 없다. 이 사람들이 이렇게 된 데는 잔돈이 없기 때문이다. 다시 말하면 어떤 사람이 돈을 잘 쓴다, 또는 어떤 사람이 커피와 밥을 잘 산다고 할 때 그 사람은 잔돈이 많은 경우이다.

이렇게 생각해볼 수도 있다. 우리 부모님들은 재산이 많은 데도 옷 한 벌 제대로 사 입지 못하는데, 자식들은 온갖 사치를 다 하고 산다. 원인이 무엇일까? 아마도 대부분의 자산이 부동산에 잠겨 있는데다가 그나마 있는 현금도 자신들을 위한 돈이 아니라고 생각하기 때문이 아닐까. 자식들이 시도 때도 없이 손 벌리는 바람에 늘 쪼들리는 생활로 허덕인다. 그런 부모님의 희생으로 자식들은 매달 용돈을 받고, 또 필요하면 날마다 부모를 졸라서 화려하게 돈을 쓸 수 있는 것이다.

제 주변에 남편이 고급 공무원인 한 가정이 있는데, 부인이 돈을 많이 쓴다는 이유로 부부 싸움이 잦다. 옷도 잘 사 입고, 골프를 즐기고, 수시로 해외여행을 다녀온다. 이유는 부인에게는 잔돈이 많기 때문이다.

서울 토박이인 저는 약수동에서 청소년기를 보냈었다. 그때 어린 생각으로 보면 동네에는 부잣집보다 가난한 사람들이 몇 배는 더 많았다. 그런데 늘 여유가 있는 세 친구가 있었다. 이들은 항상 돈을 가지고 있었다. 그들이 누구인가 하면 재미있게도 구멍가겟집 아들, 쌀장사하는 집 아들, 나머지 한 명은 세탁소를 하는 집의 아들이었다. 얘네들이 부잣집 아이들보다 훨씬 더 세상을 즐기면서 풍요롭게 사는 것을 보았다. 생각해보니 형편이 그리 넉넉하지는 않았지만 장사하는 집이어서 늘 잔돈이 많은 이유에서 부요하게 살았던 것이다.

아직도 사람들은 큰돈으로 행복하려고 한다. 큰돈을 추구하고, 많은 재산을 노리면서 산다. 그러면서 스스로 패배 의식에서 날마다 지는 해만 바라본다. 이 부분에서 우리는 인생 가계를 다시 설정해야 한다. 큰돈으로 사는 사람이 행복하다는 생각을 바꾸어야 한다. 잔돈이 인생을 행복하게 한다는 사실을 인지하기 바란다.

제가 몇 년 전에 한 후배로부터 들은 이야기이다. 그는 정육점에 고기를 배달하는 일을 하는데, 그의 말에서 깜짝 놀란 사실이 하나 있다. 당시 강남 일대에서 고기가 제일 많이 팔리는 곳이 사당동, 봉천동, 신림동이라고 한다. 놀란 것은 그 다음 이야기인데, 고기 소비가 제일 적은 동네가 우리가 아는 최고 부자동네인 압구정동이라는 것이다. 부자들이 고기를 더 많이 먹는 것 같지만 사실은 달동네 사람들이 고기 소비를 훨씬 더 많이 한다는 사실을 그때 알게 되었다.

물론 위의 경우는 예외적인 사례일 수도 있지만, 어쨌든 우리의 행복과 만족, 사는 기쁨은 소비에 있는 것이다. 소비가 많은 사람이 세상을 행복하게 산다. 누가 소비를 많이 하는가? 부자가 아니라 가난한 사람이다. 그게 무슨 의미인가? 소비는 잔돈이다. 큰돈을 가진 부자는 소비를 못하고 산다. 그들은 부자일 뿐이다. 아이러니는 세상은 가난한 소비자가 누리고 산다는 것이다.

서울의 대학가를 가보더라도 그렇다. 젊은이들이 모여서 인생 파티를 즐기는 홍대 거리를 가보면 세상이 달리 보인다. 재산 가지고 사는 기성세대들은 동대문과 벼룩시장을 기웃거린다. 그런데 그들에게서 용돈을 받아 사는 자녀들은 잔돈으로 펑펑 누리며 즐기는 것을 확인할 수 있다.

이처럼 우리가 인생을 행복하게 사는데 필요한 돈은 큰돈이 아니다. 소소한 일상의 행복을 불러오는 것은 잔돈이라는 사실이다. 큰 회사에 다니면서 한 달에 500만원을 버는 직장인보다 아르바이트로 나가서 50만원, 100만원을 벌어서 사는 사람이 마음 편하게 사는 세상이다.

사람을 초조하게 만드는 것은 잔돈이다. 잔돈이 없어 사람을 초라하게 만든다. 몇 푼의 잔돈이 없어서 사회생활을 비굴하게 만든다. 얼마의 잔돈을 쓸 수가 없어서 인간관계가 안 되는 것이다.

반면에 하루에 몇 만원의 잔돈을 가지고 쓸 수 있는 사람은 하루를 화끈하게 산다. 다시 말하지만 우리가 소소하게 소비하는 것은 잔돈이다. 인간관계를 성공적으로 하려면 잔돈을 가져야 한다. 언제든지 한 끼 식사와 한 잔의 커피를 살 수 있는 잔돈이 있어야 한다.

이 부분이 사람을 예민하게 만든다. 이런 잔돈에 여유가 없는 사람은 항상 의기소침하다. 그리고 중요한 것은 행복감이 없다는 것이다. 그러므로 매사에 자신이 없는 것이다. 친구 사이, 동료 사이에서 이상한 사람이 되게 하는 것은 대부분 큰돈이 아니라 잔돈이다.

여러분에게 잔돈을 풀면서 살아가라고 권하고 싶다. 옛날 어른들 말씀에는 잔돈을 아끼라는 메시지가 많았다. 우리 시대에는 맞지 않는 말이라고 본다. 한 푼 두 푼 모아서 부자가 된다는 말을 더 이상 사용하고 싶지 않다.

사람은 사회적 동물이라고 한다. 우리가 사회성을 확보하는데 필요한 것은 잔돈을 푸는 행위이다. 세상은 잔돈 위력에 사는 것이다. 사람을 얻게 하는 것이 잔돈이다. 잔돈을 쓸 수 없는 사람은 성공할 수 없다. 잔돈에 인색한 사람은 확장성을 기대할 수 없다. 5만원, 10만원 이하는 주저 없이 언제나 풀 수 있는 주머니가 있어야 한다.

세상을 살면서 우리를 힘들고 어렵게 하는 것이 무엇이었는가? 잔돈을 가지고 잔머리를 굴려야 할 때이다. 그때 처신을 잘못해 스스로 치사한 놈으로 전락하고 만다. 사람을 고통스럽게 하는 것은 잔돈이 없을 때이다. 나는 생각한다. 잔돈에 여유가 있다면 실패하거나 망해도 비참하지 않다는 것이다. 우리가 잔돈을 쓸 수 있는 상황이라면 얼마든지 인간관계와 사회성을 회복할 수 있다고 본다.

그동안의 이야기가 이론적이었다면 이제 실제적인 이야기를 한 번 해보자. 잔돈을 만드는 일이다. 이것은 현금화하는 금융 개선이다. 자신이 가진 모든 금융자산을 현금화시키는 일이다. 부동산은 물론 값나가는 물건들 가운데서도 현재 없어도 되는 것들은 팔아 현금화 할 수 있다. 심지어는 옷이나 신발, 애장품을 중고시장에 내다 팔거나 중고 사이트를 이용하여 현금으로 바꾸는 것이다.

자기 자신이 부담 없이 쓸 수 있는 몇 십 만원, 몇 백 만원을 가진다면 정신세계가 달라진다. 그리고 바로 의식세계에 자신감이 오게 되어 있다. 많은 재산, 큰돈을 가진 부자라도 잔돈이 없으면 힘들다. 이것이 현실이다. 잘 살면서 힘들다. 부자이면서 고통이다.

반면에 가진 재산이 별로 없는 사람도 잔돈을 쓸 수 있는 사람은 행복하다는 사실이다. 그러므로 우리는 큰돈을 생각하지 말고 잔돈을 구해야 한다. 어른세대들이 노는 것을 보면 용돈이 많은 사람이 큰소리친다. 동료들 사이에 크게 가진 것은 없지만 잔돈이 여유로울 때 분위기를 주도하는 것을 쉽게 볼 수 있다.

잔돈은 사람의 마음을 편하게 한다. 그러므로 우리는 자녀에게, 또는 배우자에게 늘 잔돈이 있게 해줘야 한다. 그리고 그것을 주위에 아낌없이 풀도록 해야 한다. 특히 친구를 위해 잔돈을 쓸 줄 알아야 한다.

유대인들은 자녀가 100원을 달라 하면 200원을 준다고 한다. 그리고 저녁에 자녀가 돌아오면 마주앉아 계산을 하는데, 돈을 넉넉하게 줬기에 쓰고 남는 것이 당연하지만 오히려 그것을 책망한단다. 이유는 친구를 위하여 나머지를 사용하지 않은 것을 문제로 보는 것이다. 이것이 유대인의 경제 원리다.

세계 경제의 주류가 유대인이다. 그들처럼 친구를 위해 잔돈을 쓰라!

4

수입이 있게

영어에서 죄를 뜻하는 'sin'의 어원은 '과녁을 이탈함'이란 의미가 있다. 그와 같이 인간에게 심각한 문제는 잘못된 목표 설정이다. 우리의 잘못된 생활 태도가 몸을 망가지게 하듯이, 그리고 비현실적인 인간관계가 불행이듯이 오늘날 대부분의 사람들이 잘못된 인생 목표를 가지고 살기에 행복하지 않다는 것이다. 바르게 알지 못하고 세운 목표로 인하여 개인의 행복에 이르지 못하는 것이다.

본래 인간은 수렵, 채집으로 살게 되어 있다. 무슨 말인가 하면 우리가 먹고 사는 모든 것은 자연을 통하여 충분히 얻는다는 것이다. 그런데 사람들은 맛있는 음식을 추구하여 온갖 종류의 화학적 조미료를 공장을 세워 만들었다. 이것의 확대가 인스턴트 instant이다.

문제는 이러한 인스턴트로 인하여 인간이 병들어간다는 것이다. 과도한 편리를 추구하면서 지구촌이 몸살을 앓고 있고, 대기 중의 온실 가스로 인해 폭발 직전의 세상이 되어 버렸다. 이러한 문제의 본질은 인간의 잘못된 목표에 있다. 더 맛있는 음식을 먹고, 더 편리하게 살겠다는 탐욕의 결과이다.

이제 경제로 눈을 돌려보자. 인간의 기본 목표는 의식주衣食住이다. 옛날 어른들 말씀 가운데 사람은 태어나면서 자기 먹을 것을 가지고 온다는 말이 있다. 우리가 세상을 살면서 먹고 사는 것은 당연한 것이다. 우리는 이런 믿음을 가지고 세상을 살 필요가 있다.

그런데 사람들은 여전히 빈곤의식에 빠져서 살고 있다. 온갖 재화들이 넘쳐나는 풍족한 세상이지만 그럴수록 더 공허함을 견디지 못하고 더 많은 소유를 위해 안절부절 못하고 있다. 돈이 많은 부자도 예외가 아니라는 것이 아이러니다. 소비가 미덕이라는 자본주의의 본산인 미국도 의식주의 불안을 가지고 있다. 이것은 인간의 빈곤한 정신세계가 원인이다.

우리가 나누는 의식만 좀 더 가지면 세상은 여전히 풍족하다는 사실을 모두가 망각하고 있다. 그러면 왜 나누지 못하느냐 하는 의문이 생긴다. 소유 개념 때문이다. 이 세상은 소유가 성공 기준이다. 많이 소유할수록 큰 성공이다. 소유가 능력이다. 비소유의 능력은 없다.

이런 세상이기에 소유가 부족한 사람은 바보 아닌 바보가 되어 버린다. 그래서 사람들은 목숨을 걸고 소유 개념으로 사는 것이다. 모든 능력을 소유로 보여주어야 하기 때문이다. 심지어는 종교 신앙도 소유가 복이라고 말한다. 비소유의 복은 없다. 이 프레임에 걸려서 가난은 저주, 나아가 돈이 없는 사람은 실패자로 낙인되는 것이다.

우리는 이 문제를 극복해야 한다. 인간의 능력, 인간의 행복은 결코 소유의 과다에 의해 좌우되지 않는다. 적게 가졌더라도 그것에 만족한다면 행복할 수 있다. 지금은 부족하더라도 채워진다는 희망이 있으면 행복해질 수 있다.

그러면 인간의 능력과 행복이 소유가 아니라면 무엇인가? '수입'이다. 이것이 제가 여러분에게 던지는 메시지이다. 사람은 소유보다 중요한 것이 수입이라는 말이다. 자본주의는 이제 한계에 부딪쳤다. 부익부 빈익빈으로 굳어지고 있다. 이것을 돌파하는 것이 수입이다. 소득, 즉 수입을 늘리는 것이 인간의 행복이다.

이렇게 수입이 늘어나면 시장 경제, 즉 소비가 일어나게 된다.

소비가 살아나야 기업이 산다. 소비심리를 일으켜 주는 것이 수입이다. 그리고 사회는 안정이 되어서 이념 갈등이 없게 된다.

우리는 모두가 행복해야 한다. 하지만 소유하는 것만으로는 인간이 행복하지 않다. 만일 소유가 행복이라면 부자가 행복이다. 그런데 사회는 결코 그렇지 않다는 것이다. 우리나라의 경제 구조, 개인 재산을 보면 모두가 부자이다. 그런데 사회, 즉 시장은 돈이 없다고 한다. 이 문제가 지금 우리 사회의 첨예한 갈등이다. 이유는 수입이 부족하기 때문이다. 인간은 소유로 사는 것이 아니라 수입으로 산다는 사실이다.

우리 사회는 소유적으로는 부자인데, 수입면에서는 가난하다. 그걸 쉽게 알 수 있는 것이 내 주변에서 돈을 잘 쓰는 사람은 장사하는 사람이라는 것이다. 장사는 매일 돈을 번다. 바로바로 수입을 내기 때문에 돈을 사용하는데 주저함이 없다. 그런데 사업하는 사람은 매달, 아니 매일 쩔쩔맨다. 이유는 많은 재산을 가진 기업이지만 하루하루 수입이 들어오는 것이 아니기 때문에 돈을 쓰는데 어려움이 있다는 것이다.

재산이나 소유가 없다 하더라도 날마다 수입이 있는 사람은 소비 위주의 생활을 하는데 풍요하다는 것이다. 그런데 소유 개념으로 사는 사람은 항상 어렵다. 이유는 소유가 채워지지 않기 때문이다. 언제나 기대치에 이르지 못한다는 것이다. 반면에 수입 위주로 사는 사람은 날마다 여유를 가지고 만족하게 산다. 그 이유는 자기가 원하는 것을 할 수가 있기 때문이다. 그러므로 큰 돈을 소유하기보다는 적은 돈이지만 그때그때 수입을 내는 사람이 훨씬 더 행복하다는 사실이다.

우리 가계의 현실을 한 번 들여다보자. 외형적으로는 모두 부잣집이다. 다들 몇 억원 하는 아파트에 살고, 고급 자동차를 타고 다니지만 보통 자신이 소유한 부동산의 70%가 금융대출이라고 한다. 재산은 많지만, 쓸 돈이 부족하다. 이렇게 되면 생활이 어렵게 된다. 그리고 사람들은 피로도가 높게 쌓이게 된다. 매사가 위축이 된다. 그러므로 삶의 재미를 잃어버린다는 것이다. 현대인들은 이 부분에서 지쳐 있다.

여기에 따른 대안을 가지고 살아야 한다. 그것은 소유 위주에서 수입 위주로 살아야 행복하다는 말이다. 그러기 위해서는 잔돈 수입, 작은 수입이라도 만들어야 한다. 그래서 작은 소비, 즉 날마다 생활소비에 어려움이 없도록 만들어야 한다. 여유롭게 커피를 마시고, 다른 사람에게 부담 없이 한 끼 식사를 대접할 수 있는 그런 수입 말이다. 그렇게 10만원 이하 정도는 부담 없이 언제나 쓸 수 있는 여유를 가지고 사는 것이 행복이라는 것이다.

만일 10만원 정도를 쓰는데 부담이 된다면 이 사람의 사회생활은 그만큼 위축이 되는 것이다. 그것은 곧바로 심각한 대인관계 문제로 이어진다. 누구를 만나는데 있어서 자신감을 잃어버리는 것이다. 이런 것들이 사실은 우리 인생 전반을 흔들리게 하는 문제이다.

우리는 이런 문제를 과감하게 해소해야 하고, 배우자나 자녀들이 이런 문제에 맞닥뜨리지 않게 사전에 준비해주어야 한다. 이런 몇 만원의 돈을 쓸 수 있는 여유, 이런 작은 돈에 잔머리를 굴리지 않는 여유에서 그 사람의 사회성의 문은 열리는 것이다.

사람마다 처한 환경에 따라 약간은 다르겠지만, 이런 정도의 수입이 우리 인생을 행복하게 한다면 주저 없이 해결해야 한다. 아르바이트나 파트타임, 일용직 일로도 해결할 수 있지 않겠는가!

더 근본적으로는 장사를 제안하고 싶다. 인터넷에서 옷이나 신발을 판매하는 것과 어떤 소규모의 물건을 파는 것은 그다지 어렵지 않다. 그리고 중고 사이트를 만들어 내 물건을 파는 것은 물론 다른 사람이 사용하지 않는 물건을 팔아주는 것으로도 해결이 가능하다.

다시 한 번 말하지만, 우리 생활에서 작은 돈이 주는 여유와 행복은 의외로 크다.

5

일이 있게

　　사람이 산다는 의미는 일을 한다는 것이다. 일을 하지 않는다는 것은 죽은 사람이다. 그렇듯 사람이 살아 있는 동안은 언제나 일을 해야 한다.

　옛날에는 신분 낮은 사람들이 일을 하였다. 그래서 종들이 일을 했다. 가난한 사람들이 일을 하였다. 그런데 지금은 아니다. 모든 사람은 일을 함으로써 자신의 존재감을 드러내고, 성취하는 보람을 느낀다. 일을 하지 아니하는 사람은 먹지도 말라는 성경 말씀이 있듯이 인간에게서 제일 중요한 행위가 일이다. 일을 하지 않는 사람은 누구라도 귀한 사람이 아니다.

자본주의에서 일의 목표는 돈이다. 돈을 벌기 위해서 일을 한다. 물론 그것이 틀린 말은 아니지만, 그렇다고 바른 자세는 아니다. 우리 인간이 일을 하는 것은 목표이지 수단이 아니라는 말이다. 우리는 일을 하면 대가가 돈으로 주어지는 것이다. 그러므로 돈을 목표로 일을 하는 것은 아니다.

그럼에도 우리 시대는 대부분 돈을 목표로 일을 하는 것이 사실이다. 하지만 일에는 봉사의 일도 있고, 희생의 일도 있는 것처럼 우리가 하는 일에는 돈과 거리가 먼 일도 많이 있다. 목사님들은 돈 때문에 일하는 사람이 아니다. 선생님들이 돈 벌기 위해 학생들을 가르치는 것은 아니다. 공무원이 돈을 바라고 일한다는 국가는 발전이 없다. 국회의원과 대통령, 즉 정치인들이 돈을 바라고 하는 것은 아닐 것이다.

이렇게 우리는 돈을 떠나서도 일을 해야 한다는 말이다. 나는 일에는 공짜가 없다고 믿고 있다. 무슨 말인가 하면 대가가 있다는 것이다. 그 대가를 미래에, 또는 후손들이 받을 수도 있다. 그러므로 지금 당장 대가를 바라지 말고 열심히 일을 해야 한다.

인생을 살다 보면 어느 땐가 일이 행복인 것을 알게 된다. 일하지 않는 사람은 행복이 없다. 불행한 사람이다. 그리고 세상은 일을 통하여 열린다. 일을 하면 반드시 수입이 생기고, 일을 하면 좋은 사람을 만나게 된다. 사실은 이런 것들이 우리에게 돈보다 더 중요한 것이다.

우리는 직장에서의 일 외에 또 다른 일을 해야 한다. 보통 사람들은 직장에서 일하는 것으로 만족하지만, 저는 여러분에게 직장 밖에서 하는 일을 만들기를 제안한다. 물론 그것은 가볍게 할 수 있는 일이 될 것이다. 직장 밖에서 잠시, 또는 서너 시간 일하는 것을 추천한다. 아니면 새벽 일, 저녁 일도 생각할 수 있다. 아무튼 직장 외에 하나 정도는 일을 더 하는 것을 말한다.

그리고 직장 외의 또 하나의 중요한 일은 직업이다. 직장이 회사라면, 직업은 개인적인 일이다. 기술이다. 우리 모두에게 하나의 기술은 있어야 한다고 본다. 취미로 하는 일일 수도 있고, 아르바이트라도 가능하다.

제가 경기도 김포의 한 중소기업 공장을 방문했을 때, 토요일인데도 몇 사람이 나와 일을 하고 있다. 용접하는 사람인데, 어느 고등학교 교사라고 한다. 용접 기술도 익히고 돈도 벌 겸 토요일 여유시간에 나와서 일을 한다는 것이다. 이처럼 나의 본업 외에 다른 일을 하는 사람들을 더 많이 보고 싶다.

규모가 작은 공장에 큰 기업의 사장님이 짬을 내어 들러 자신의 경험을 나누어준다면 얼마나 가치 있고 보람된 일이 될까! 사람들은 너무 각박하게 자기 일, 직장 일, 직업 일만 추구한다. 좀 더 여유를 갖고 다른 일터에 가서 자기가 가진 기술로 일을 한다는 것은 크게 기여도 하고, 어느 정도의 수입도 올릴 수 있다.

무엇보다 여러 기술 습득을 권하고 싶다. 그렇게 되면 훗날 예기치 못하게 찾아오는 실직 문제, 실업 문제를 해결하면서 자신이 좋아하는 일을 하게 되는 것이다. 헤어 기술, 집 짓는 기술, 전기 기술, 자전거 고치는 기술, 가전제품 수리 등 헤아릴 수 없을 정도로 많다.

제가 아는 의사 한 분은 집에서 목공소를 운영하고 있다. 재료를 사다가 누군가 필요로 하는 물건을 만들어 저렴하게 팔기도 하고, 선물로 주기도 하는데 재미있단다. 가끔은 망가진 가구나 의자도 고쳐 준다고 한다.

앞으로 우리 사회는 사람이 할 수 있는 일이 없는 시대로 바뀌어 갈 것이다. 글로벌 시대에는 모든 것이 대형화이다. 개인이나 소규모는 할 일이 없어진다. 첨단기술과 전자 로봇이 일을 다 하는 세상으로 변해 가고 있다. 그것은 제조업만의 문제가 아니라 전 산업 영역에 걸쳐 불어오는 변화의 바람이다.

지금 유통되는 물건의 70% 정도가 인터넷 거래라고 한다. 백화점과 상가는 매출이 크게 줄었다고 아우성이다. 게다가 노동계와 실업자들, 대학졸업자들은 일자리 만들라고 정부에 데모를 한다. 고민이다. 이 시대는 점점 일자리가 줄어드는 추세이다. 물건을 어디서 만들고, 어디서 물건을 사는가를 보면 조만간에 불어

닥칠 실업 사태, 실직 사태가 보인다.

이제 새로운 길을 모색해야 할 때이다. 직장과 직업은 우리에게 일자리 보장이 어려운 시대가 된 것이다. 회사들은 계속 감원하고, 부실기업은 계속 구조조정을 진행할 것이다. 이제 평생직장과 평생 일터는 기대하기 어렵다.

하지만 하늘이 무너져도 솟아날 구멍은 있다고 하듯이 우리는 틈새를 보아야 한다. 대기업이나 로봇이 할 수 없는 일을 찾아야 한다. 그것이 기술이다. 전공 외의 기술, 직장 외의 기술, 직업 외의 기술로 앞날을 준비해야 한다. 가까운 미래에는 고치는 기술, 수리하는 기술, 손으로 만드는 기술자들이 우대를 받는 시대가될 것이다. 그러므로 우리는 더 늦기 전에 짬을 내어 몸이 기억하는 기술 습득을 해야 한다.

사회복지 쪽에도 요양보호사가 부족하다고 한다. 그리고 사람의 손을 필요로 하는 일을 하는 곳에서는 숙련된 인력을 구하기 어렵다는 이야기도 들려온다. 이러한 일에는 어김없이 외국인 노동자들이 많다고 한다. 그럼에도 불구하고 우리나라는 실업률이 높다. 이 시점에서 냉철하게 생각을 바꾸어 볼 필요가 있다고본다.

앞으로 우리가 맞닥뜨릴 문제는 일이다. 이제 직업의 귀천은없다. 좋은 일, 천한 일을 구별하지 말아야 한다. 대기업, 중소기업을 논할 필요가 없다. 이것은 구시대의 묵은 논리이다. 높은 신분의 사람이 낮은 일을 하는 것은 아름다움이다. 부자가 나가서 노동을 한다면 거룩한 사람이다. 사모님이 식당에서 아르바이트하는 것은 돋보이는 일이다.

변화의 시대를 살아가야 하는 우리는 타성에 젖어 살아온 기성세대의 의식에서 벗어나는 용기가 필요하다. 부모의 의식에서 독립해야 한다. 기성세대, 부모세대는 열등한 세대이다. 우리 세대는 그런 것으로 구별하지 않는다는 사실이다.

신세대는 일이다. 이제 일하는 사람이 존경받는 세상이다. 일 의식, 일 정신, 일 자유 세상이다. 일에서 모든 인간은 평등하다. 이것이 앞으로 우리가 맞을 시대의 프레임이다. 이제는 일을 사랑하는 사람의 세상이다.

노동자가 보화다. 일을 사랑하는 사람, 일을 즐기는 사람, 일을 소중하게 여기는 사람이 우대 받는 세상이다. 이것이 우리가 폭발적으로 늘어나는 노인 인구의 두려움을 이겨나가는 길이다. 일을 하지 못하는 사람의 장수, 일이 없는 부자, 일이 없는 세상은 저주이다. 그것은 우리 앞에 도래한 또 다른 도전이다. 다행인 것은 우리가 그러한 문제를 인지하고, 그러한 상황이 도래하기 전에 미리 현명하게 준비하고 대처하고 있다는 사실이다.

지금부터의 세상은 일이 복이다. 미래에 대한 막연한 두려움을 떨쳐버리고 일 지식, 일 재능, 일 기술, 일 능력을 우리 몸이 기억하게 차곡차곡 쌓아가야 한다. 이제 일하는 사람의 세상이 오고 있다.

6

전문지식을 가져라

　　빅 데이터big data의 세상이다. 오늘날 정보통신 분야
에서의 화두는 단연 빅 데이터이다. 빅 데이터는 기존 데이터보
다 너무 방대하여 기존의 방법이나 도구로 수집, 저장, 분석 등이
어려운 데이터들을 의미한다.

　　구글에서는 1분 동안 200만 건의 검색이 가능하다고 한다. 이
렇게 세상은 엄청난 정보가 실시간으로 쏟아지고 있다. 요즘 서
점에 나가 보면 지식서적이 아닌 정보서적이 대세이다. 우리가
조금만 관심을 기울이면 10년, 20년의 흐름과 변화를 감지할 수
가 있다는 것이다.

이제까지 인간은 미래에 대해 무지하였다. 미래는 알 수가 없다는 생각으로 일관하였다. 그러나 우리 시대는 컴퓨터 하나로 전 세계를 실시간으로 볼 수 있다. 핸드폰을 가지고 무한대의 사이트를 다 검색하는 세상이다. 그러므로 우리는 현재에 매몰되지 말고 미래의 지식을 터득하는 것이 우선되어야 한다.

기업이나 사업, 또는 장사도 마찬가지다. 무작정 시작해서 경험하고 알게 되는 것이 아니다. 시작 전에 우리가 하고자 하는 일과 결과를 다 알 수가 있다는 것이다. 내가 하려는 사업이 얼마가 투자되어야 하며, 그렇게 시작하였을 때 수입과 지출이 산정되어서 얼마의 수입이 나며, 어느 정도의 시간에서 어떤 결과가 나오는지 알 수 있는 세상이다.

우리 부모 세대에서는 의외성이 컸다. 재수와 운에 좌우된다고 말하였다. 그러나 지금은 사업이나 돈 버는 일이 도박이나 투기적이지 않다. 그만큼 정확한 데이터에 의해 분석이 이루어진다. 이것이 전문지식이다.

충분한 정보를 통하여 미래의 흐름을 감지하는 것이 중요하다. 현재의 전공과목이 앞으로 어떻게 변하는지 알아야 한다. 대부분의 물건과 직업들이 20년 후에는 사라지는 것들이 많다. 그리고 지금은 현실성이 없지만 20년 후에는 사회의 변화로 주류를 형성하는 일과 직업들이 새로 생겨날 텐데, 그것들이 무엇인지를 알아내야 한다.

무엇보다 주식의 흐름, 돈의 흐름을 예측해보는 것이다. 앞으로의 세상은 지식과 능력, 또는 기술이 주도하는 것이 아니라 앞을 내다보는 안목과 남보다 빠르게 나아가는 사람이 주도할 것으로 보인다. 다시 말하면 누구를 따라하는 사람, 누가 하는 대로 하는 사람, 성공하는 사람을 배워서 사는 사람은 기회가 없게 된다. 그렇게 사는 사람은 이미 늦다는 것이다.

남이 보지 못하는 것을 보는 사람, 남들이 가지 않는 길을 가는 사람, 남들이 하지 않는 것을 하는 사람이 세상을 차지할 것으로 보인다. 따라서 이제 우리는 공부하고 지식을 가지는 것을 넘어서서 세상을 연구해야 한다. 지금과는 다른 새로운 패턴을 가진 사람들이 경제를 차지하는 시대가 되는 것이다.

엉뚱한 사람도 좋다. 스티브 잡스나 엘론 머스크 같은 성공적 기업을 이루는 사람들의 특징이 상당히 엉뚱하다는 것이다. 지금부터 약 50년 전인 1970년을 전후하여 할리우드 영화 '007 시리즈'가 전 세계를 강타하였다. 이언 플레밍의 스파이 소설을 토대로 한 이 영화의 내용은 상당히 비현실이다. 그냥 놀라울 뿐이었다. "야! 저런 세상이 어디 있단 말인가!" 말도 안 된다고 여기면서도 신기하고 세상에 없는 이야기여서 세계의 영화광들이 매료되었다.

그런데 놀라움의 연속이었던 007 영화의 세계가 그로부터 20년, 30년을 지나면서 차츰 현실로 등장한 것이다. 현실세계가 영화대로 되었다. 전 세계가 007 영화 속으로 들어간 느낌이다. 이것이 바로 컴퓨터 세상, 드론 세상, 로봇 세상, 정보 세상이다.

이와 같이 영화적 상상력이 현실이 된 세상을 살아가야 하지만 결코 두려워하거나 절망할 필요가 없다. 오히려 새로운 기회로 삼아야 한다. 다시 말해 연구하면 다 알 수 있는 세상이라는 것이다.

따라서 내가 하고자 하는 일을 연구해야 한다. 내가 가고자 하는 길을 연구해야 한다. 그리고 미래의 내 인생이 어떻게 되는지를 그림으로 그려야 한다. 그것을 위해 나는 두 가지를 제안하고 싶다.

첫째, 연구하기 위하여 책을 읽어야 한다. 다만 책을 읽을 때 유의할 것이 있다. 내가 공부하고 연구하고자 하는 분야의 가장 최근 책을 10권 정도를 선정하는 것이다. 그리고 이 10권의 책을 집중해서 읽는다. 가능하면 한 달에 다 읽는 것을 권하고 싶다.

이렇게 책을 읽다보면 내 머리에서 정리가 된다. 그리고 그 주제에 대한 나의 생각을 갖게 된다. 여기서 나오는 철학과 구체적인 방향이 설정이 된다. 이것이 바로 전문지식이다. 물론 한 달에 10권의 책을 꼼꼼히 읽는다는 것은 쉽지 않은 도전이다. 그런데 그렇게 하고 나면 지금까지 경험하지 못한 자긍심과 자신감, 그리고 나름대로 분명한 확신이 서면서 전문가적인 식견을 갖게 되는 것이다.

우리가 대학을 졸업하고서도 전공 분야에서 정리가 되지 않아 자신의 길을 찾지 못하고 좌절한 순간이 있지 않았던가? 자신이 추구하는 일에 확고한 자신감이 없으면 재미가 없다. 어떤 일을 하면서 행복감이 없다는 것은 불행한 일이다. 자신이 꿈꾸는 미래에 대한 확신을 위해 책읽기를 권한다.

둘째, 독립하기 위하여 규합糾合을 하라는 것이다. 우리나라 사람들은 동업하는 것을 아주 부정적으로 보는 경향이 있다. 그런데 나는 동업을 적극 권장하고 싶다.

물론 처음부터 뜻이 맞아 동업을 시작한다면 좋겠지만 사정이 그렇지 못하다면 무작정 기다릴 수만은 없다. 이때 투자를 적절하게 분산한다면 동업과 같은 형식이 될 것이다. 예를 들어, 5천만원이 자본금이라면 한 곳에 다 투자하지 말고 다섯 군데를 나눠 투자하는 방식이다. 한 곳에 1천만원씩만 투자한다면 다섯 사람이 동업해 각각 1천만원씩 투자하는 것과 같은 효과를 볼 것이다. 그리고 적절한 때에 동업자를 맞이하면 된다.

이렇게 하면 실패할 일이 거의 없다. 사업이 어려워 부진하면 수입이 적을 뿐이다. 한 곳에서 수입이 50만원이라면 다섯 곳에서 나는 수입을 합치면 한 달에 250만원이다. 이것의 매력은 자기 직업을 유지하면서도 알바 형식으로 할 수 있다는 장점이 있다.

지금 사회는 글로벌과 대형화 시대이다. 소자본과 개인이 할 수 있는 일이 없는 세상이다. 이때 우리가 해야 할 일은 함께하는 사업을 연구하는 것이다. 어려운 이웃이나 소자본으로 여러 사람이 규합하는 일은 아름다움이다. 1천만원이 10명이면 1억원이다. 1천만원씩 100명이 규합하면 10억원이다. 이렇게 보면 어느 정도의 투자 사업을 만들어서 그 100명의 일자리가 만들어질 수도 있는 것이다. 개인의 실업과 실직을 얼마든지 극복할 수 있다.

이런 아름다운 일들이 가능한 세상임에도 세상은 여전히 개인주의다. 다른 사람을 믿지 못한다. 이것은 구태적인 불신이다. 우리가 리더십을 발휘한다면 우리 주변에 있는 훌륭한 사람들과 자본을 모아서 경제위기를 극복할 수 있다고 본다.

문제는 불신이다. 이웃과 친구를 믿어야 한다. 이제 우리 시대는 남을 이용하거나 속여서는 살 수 없는 사회가 되었다. 서로의 힘을 모으고 합치는 일이야말로 모두가 사는 아름다운 세상을 향한 첫걸음이다.

7

실패를 두려워 말라

옛날에는 세상이 어리숙하였다. 사람들이 정보가 없고 매사에 순진하였다. 그러므로 남의 말을 잘 듣기도 하고, 분별없이 다른 사람들의 말에 쉽게 동화되기도 하였다.

그런데 지금 우리 시대는 날마다 정보가 홍수처럼 쏟아진다. 스마트폰 하나면 모든 것을 다 알고 분석한다. 그만큼 사람들이 똑똑해진 것이다. 이제는 남의 말이나 분위기에 이끌려 어떤 물건을 구매하거나 잘못된 선택을 하지 않는다.

이제 어떤 선택을 할 때 속아서 하는 일은 없는 세상이 되었다. 그만큼 모든 것이 선명하다는 것이다. 따라서 이제는 사람을

50

속여서 돈을 벌 수 있는 세상이 아니다. 어떤 물건이든지 기능과 성분이 정확하게 표시되어 한눈에 알아볼 수 있게 되었다.

여기서 오는 것이 정확한 가격이다. 바가지요금이 없어진다. 그 물건의 가치와 비용, 그리고 기능에 따라서 정확한 가격이 산정되는 것이다. 그러므로 이제는 한탕주의가 없게 되었다.

10년 전, 20년 전만 해도 곳곳에서 한탕주의가 극성을 부렸다. 무엇을 사면 후에 몇 배가 오른다든지, 심지어는 얼마를 투자하면 수백 배의 배당으로 이익을 준다는 식의 흉흉한 사업들이 난무하였다. 이렇게 해서 큰돈을 번 사람들이 내가 아는 사람들 중에도 여럿 있다. 어느 날 갑자기 벼락부자가 되었다.

그런데 이제 그런 일이 없어졌다는 것이다. 벼락부자는 미개한 사회에서나 일어나는 비정상의 혼란이다. 이제는 이런 비정상적인 부자가 더 이상 출현할 수 없는 투명한 세상이 되었다.

반면에 우리 시대의 부자들은 피와 땀, 그리고 눈물을 심은 사람들이다. 우리가 아는 가장 성공적인 인물인 애플의 스티브 잡스, 테슬라의 엘론 머스크, MS 회장인 빌 게이츠는 적어도 20년, 30년을 연구하고 투자하여 만들어진 혁신적인 인물들이다.

이들의 자서전이나 성공 스토리를 읽어보면 지금의 성공은 실패에 실패를 거듭하여 나온 결과물들이다. 이들의 부자, 성공, 정상은 결코 한탕주의가 아니라는 말이다. 빼어난 사람들의 특별한 이야기가 아니라 평범한 사람들의 비범이다. 따라서 우리도 각고의 노력을 지속한다면 얼마든지 이런 성공한 사람들이 될 수 있다.

한 발 더 나아가 그 이면을 들여다보면 이들이 모두 '개미'였다는 사실을 알 수 있다. 하나같이 20년, 30년을 모아서 오늘의 성공을 이룬 사람들이다. 이제 여러분도 어떤 일을 성공하기 위하여 20년, 30년을 투자해 보라! '스티브 잡스'가 될 수 있다. 어떤 일을 두고 수십 년을 연구해 보라! '엘론 머스크'가 되는 것이다. 지금부터 20년, 30년을 노력한다면 반드시 '빌 게이츠'가 된다는 것이다.

이 사람들이 특별하다거나 뛰어난 사람이 아니라는 것에서 우리는 가능성을 보는 것이다. 이들 역시 우리와 같은 평범한 개미이다. 우리와의 차이는 집중이다. 엄청난 집중력이 그들을 성공의 길로 이끌었다. 이들처럼 어떤 일에 20년, 30년을 집중하면 이 세상에서 못 이룰 것은 없다. 우리는 이 믿음을 가지고 살아야 한다. 쉽게 돈 벌려고 하지 말라! 빨리 성공하려고 들면 성공하고도 쉽게 무너진다. 지금부터 우리는 개미가 되어야 한다.

외람된 이야기로 들릴지 모르지만 세상에는 어떤 일이나 사업, 그리고 인생에 두 번 이상 실패한 사람이 드물다는 사실이다. 주변에서 여러 실패한 사람들을 만났지만 나는 아직까지 어떤 일에 세 번 실패한 사람을 만나보지 못하였다. 이렇게 보면 사람에게 두 번 이상 실패는 없다고 보는 것이 맞는 것 같다.

문제는 실패에 대한 두려움이다. 한 번 실패, 두 번 실패는 대부분의 사람이 감수할 수 있다. 있을 수 있는 실패이며, 성공의 과정으로 생각할 수 있다. 문제는 한 번도 실패를 하지 않겠다는 안타까운 의식이다. 그건 무모함이나 만용이 아니라 아집이다.

실패하지 않는 성공은 없다. 나는 언제나 실패한 사람의 용기를 칭찬한다. 그것은 성공으로 가는 과정이기 때문이다. 실패의 경험을 밑거름 삼아 포기하지 않고 다시 도전한다면 반드시 성공하는 것이다.

나는 이런 말씀을 드리고 싶다. 한 번 실패한 그것을 또 다시 도전하라고. 여기서 세 번 실패는 없다는 사실을 기억하자. 그런데 흔히 사람들은 중요한 실패의 경험 자산을 놔두고 다른 일을 하려고 덤벼든다. 단언컨대 실패한 그 일을 다시 시작하는 것이 성공률을 높이는 것이다. 실패한 일을 다시 할 때에 그 사람의 성공 가능성은 거의 100%로 볼 수 있다.

물론 실패한 일을 다시 시작해야 하는 무거운 심정은 이해한다. 정말 대단한 용기가 필요한 일이다. 그렇기에 나는 이런 사람을 존경한다. 나아가 나는 이런 사람에게 투자하고 싶다. 그만큼 성공 가능성이 높기 때문이다.

나는 한때 TV에서 오디션 프로를 즐겨보았다. 여기에서 전 세계가 열광하는 K-Pop이 나온 것이다. 이 오디션 프로로 인하여 세계적인 아이돌과 방탄소년단 같은 걸출한 스타가 탄생한 것이다.

내가 주목한 것은 거기에 출연하는 아이들이 국내뿐만 아니라 미국이나 유럽에서도 참가한다는 것과, 이 아이들이 여기에 출연하기까지 다른 오디션에 참가하여 떨어진 실패 경험이 있다는 사실이다. 그런 실패에도 좌절하거나 포기하지 않고 다시 오디션 프로에 참여해 혼신의 힘을 다해 경쟁하고 있다. 이들의 열정에 박수를 보낸다.

무엇보다 이들의 포스나 노래 실력이 기성가수에 결코 뒤지지 않는다는 것은 심사위원들도 인정하는 바이다. 이제 궁금한 것은 이 아이들이 어디에서 이렇게 실력이 쌓인 것일까 하는 점이다. 나는 단연코 '실패'라고 말씀드리고 싶다.

거듭해서 말하지만 실패를 두려워하지 말기를 바란다. 실패를 피하면 성공이 없다. 실패를 즐기기 바란다.

8

사람을 만나라

사람은 활동적이어야 한다. 특히 사람을 만나는 활
동이 중요하다. 사람들과 만나서 이야기하는 것에서 내가 알지
못하는 것을 알게 된다. 그리고 사람들과 이야기 가운데 새로운
것을 발견하는 것이다.

지금 우리가 사람을 만나는데 있어 대부분이 일로 만난다. 일
이야기이다. 이것도 유익하지만, 더 유익한 것은 의제 없는 이야
기이다. 사람은 이야기를 많이 나누면 내 안의 응어리가 풀린다.
사람들은 하나같이 나만의 답답함과 막힘들을 갖고 있다.

우리 몸을 자주 만져주는 것이 좋다. 누워서나 앉아서 자주 내 몸을 만져 보라. 어딘가 아픈 곳이 있다. 그곳을 만져주면 아픈 곳이 풀리는 것을 알게 된다. 특히 손과 발을 만져주면 좋다. 우리 몸의 모든 신경이 모아지는 곳이 손과 발이기 때문이다. 마사지이다.

그런 몸의 고통만이 아니라 현대인은 마음의 고통, 정신적인 고통이 크다 한다. 이 고통은 사람을 무기력하게 만들고, 의욕을 떨어뜨린다. 이것을 풀어주는 것은 활동이다. 내 몸을 움직여야 한다. 운동으로 움직이고, 외출로 움직여라.

이때 새로운 것을 접하는 것이 좋다. 가지 않던 길을 한 번 가보라. 사람은 자기가 다니는 길만 가는 습성이 있다. 이런 사람들은 갈 데가 없다는 말을 많이 한다. 이런 사람은 자기가 가지 아니한 길을 가는 것이 좋다. 다니는 서점만 간다. 가는 카페만 다닌다. 대부분의 사람들은 자기가 노는 곳이 정해져 있다. 이렇게 보면 세상은 넓은데 자기 자신이 사는 세상은 아주 좁게 된다. 그러고서 하는 말이 갈 곳이 없다는 것이다.

지금까지 가보지 않은 곳을 한 번 가보라. 한 번도 해보지 아니한 것을 해보라. 그러면 새로운 것을 생각하게 된다. 새로운 의욕이 생긴다. 그리고 새로운 관심사가 생긴다.

나 역시 저녁 10시 이후 한두 시간은 언제나 음악을 듣는다. 그렇게 어느 정도 음악을 듣다 보면 더 이상 들을 음악이 없게 된다. 이것은 내가 좋아하는 음악, 또는 늘 듣는 음악만 듣기 때문이다. 다양한 장르의 음악과 이전 세대의 음악에 무관심해서이다. 내가 듣지 아니한 음악이 얼마나 많은데, 내가 친숙하지 아니한 가수가 그렇게 많은데도 불구하고 듣던 음악, 익숙한 노래만 추구한다. 이렇게 되면 음악이 스트레스가 된다.

다시 말하면 다양한 사람을 상대하라는 것이다. 껄끄러운 사람, 까칠한 사람, 나와 다른 의식을 가진 사람도 만나야 한다. 나와 생각이 비슷한 사람, 나와 신앙이 같은 사람, 나와 처지가 닮은 사람들을 만나는 것은 사실 발전이 없다. 그냥 편할 뿐이다. 그리고 이 사람들에게서는 새로운 것이 없다.

막상 나와 다른 사람, 나와 다른 환경, 나와 스타일이 다른 사람을 만나는 것은 상당히 불편하다. 그래도 만나는 것이 좋다. 유익하기 때문이다. 이러저러한 사람들을 다양하게 만나서 이야기를 나누는 것에서부터 내 인생에 새로운 의식의 변화가 일어나는 것이다.

그러므로 어려울수록 다양한 사람을 만나는 계획을 세우기 바란다. 한동안 소원했던 친구, 형, 동생, 선후배, 동기, 동료들을 계획적으로 만나서 이야기를 터야 한다. 사람은 이야기에서 교감이 이루어진다. 이야기에서 모든 것은 시작된다. 이야기가 되면서 일은 벌어지는 것이다.

그리고 대부분의 사람들은 이야기하는 것을 좋아한다. 그런데 혼자 대화할 수는 없는 법. 전화를 걸어 약속을 잡고, 밖으로 나와 만나야 한다. 그런데 떠오르는 사람이 없는 것이다. 거리를 오가는 사람을 무작정 붙들고 하소연할 수도 없다. 모든 사람들이 다 이야기하고 싶어 하고, 또 이야기할 사람을 찾지만 코드를 찾지 못하고 결국 다시 TV 속 세상에 몰입한다.

우리 시대는 급격하게 개인주의와 이기주의로 가는 경향이 있다. 옛날에는 이야기하는 다방, 이야기하는 모임들, 이야기하는 사랑방이 있었다. 그래서 사는 것이 지루하지 않았다. 시골에 살면서도 외롭지 않았다. 그런데 지금은 컴퓨터와 스마트폰 게임, 그리고 온갖 인터넷 검색에 몰두한다.

이제 더 이상 사람들의 대화, 사람과 이야기, 상의가 필요 없게 되었다. 다 검색하면 된다고 생각하기 때문이다. 그런데 검색의 문제는 초점이 없다는 것이다. 정보만 있다. 다시 말하면 검색에는 핵심이 없다는 것이다.

이런 중요한 핵심, 즉 초점은 사람에게 있다. 사람을 만나 나눈 이야기에서 아이디어가 생기고, 지혜가 나오는 것이다. 그리고 중요한 관계가 이루어지면서 거래가 된다. 없는 거래가 생긴다. 이런 중요한 부분이 검색이나 정보에는 없다.

오늘은 내가 누구를 만날까? 내일은 내가 어떤 사람을 찾아갈

까? 사람은 자기를 찾아주는 사람에게는 호의적이다. 자기를 필요로 해서 찾아오는 사람을 쉽게 거부하지 못한다. 자기를 찾아오는 사람에게는 어떻게 하든 도움을 주려는 심리가 있다.

사람에게는 컴퓨터나 정보와 검색에 없는 것이 있다. 그것이 핵심이다. 컴퓨터와 정보에는 다 있는데 핵심이 없다. 인생의 답은 사람에게 있다. 사람과의 만남에서 세상은 풀리는 것이다.

이 세상을 살면서 가장 행복하고 만족했던 때가 언제였는지를 생각해 보라! 진정한 대화가 될 때, 이야기가 통하는 때 아니었던가! 사랑이 좋은 것은 대화가 되기 때문이다. 사랑하는 사람하고는 무슨 이야기를 해도 재미가 있다. 밤새도록 이야기를 해도 조금도 피곤하지 않다. 몇 날 며칠을 대화해도 끝이 없다. 아이스크림이나 솜사탕처럼 달달하기만 하다.

그런데 사랑하는 사람의 이야기, 연인들의 대화 내용을 들어보면 하찮은 이야기이다. 그저 일상적인 대화일 뿐이다. 아무것도 아닌 말을 가지고도 서로 공감하고 웃는다. 이런 사람들의 이야기에는 가시가 없다.

반면에 우리가 어떤 사람들과 이야기를 할 때 따지는 대화, 꼬치꼬치 캐묻는 대화, 사심이 있는 이야기는 재미가 없다. 상대에게 부담을 주기 때문이다.

무엇보다 사람들이 가장 기분 나쁘게 생각하는 대화, 이야기를 하고 나서 불쾌감이 드는 경우가 있다. 친구나 이웃을 만나서 재미있게 이야기를 하고, 재미있게 놀다가 돌아서면 아주 불쾌하고 기분이 나쁜 때가 있다. 언제인가? 자기를 자랑하는 이야기이다.

이렇듯 대화에도 기술이 필요하다. 상황에 맞는 대화를 적절히 이어가기 위해서는 대화의 기술, 즉 이야기하는 법을 배워야 한다. 그것은 상대를 존중하고 배려하는 대화이다. 그 사람을 최대한 예우를 하는 대화이다. 그 핵심은 그 사람의 이야기를 귀 기울여 들어주는 것이다. 그 사람의 대화를 경청하는 자세이다. 상대를 이해하고 인정해주는데서 좋은 관계는 이루어진다.

사람들과의 관계에서 왜 이렇게 대화와 이야기를 중요시하는 것일까? 여기에서 길이 있기 때문이다. 누구하고든지 대화가 되면 길이 생긴다. 어떤 사람이든지 이야기가 되면 새로운 관계가 형성이 된다. 그리고 그 만남에서 거래가 나온다는 사실이다. 사람과의 만남, 대화, 이야기에서 일이 나온다. 권력도 나온다. 돈이 나온다. 인생이 만들어진다. 나아가 역사가 일어나는 것이다.

언제나 모든 것은 사람이다. 돈이 사람이다. 권력도 사람이다. 행복도 사람이다. 심지어는 복도 사람이라는 것이다. 사람을 존중하라! 어떤 사람이든지 만남을 소중히 간직하라! 사람을 소홀히 대하는 사람은 안 된다. 사람을 무시하지 말아야 한다. 사람을 함부로 대하는 사람은 안 된다. 사람이 주체이다.

9

멋쟁이가 되라

요즘 물건을 구매하려고 할 때 우선되는 기준은 더이상 성능이 아니다. 예전에는 일제日製니, 미제美製가 선택의 우선순위였다. 이 나라에서 만든 물건은 일단 좋다는 이유에서였다. 물론 좋다고 하는 기준은 튼튼하다는 것이었다. 오랫동안 사용할 수 있다는 이유로 외제 물건들이 불티나게 팔린 것이다.

그런데 지금은 다르다. 성능에서 기능으로 바뀌었다. 무슨 말인가 하면, 사람들이 어떤 물건을 구매할 때 편리성을 보는 것이다. 편리한 것을 선호한다는 것이다. 그래서 전 세계인들이 스티브 잡스의 애플을 주목하게 되었다. 그 회사의 제품에 열광하는 이유는 그야말로 스마트하다는 것이다.

사람들은 지금도 여전히 관심사는 신제품이다. 보다 더 편리한 물건을 찾고 있는 것이다. 이 부분을 우리는 기억해야 한다. 그리고 마트에서 과일을 사는 사람들의 선택 기준은 모양이 아니라 색상이다. 색깔이 진하고 밝은 과일을 산다. 이유는 이런 것이 상품上品이기 때문이다.

시장에서 생선을 사는 사람들의 심리도 알아야 한다. 어떤 생선을 구매하는지를 살펴보면 무엇보다 싱싱한 것을 고른다. 생선에서 최고의 가치는 신선도이기 때문이다. 아무리 크고 산지가 좋은 곳이라도 이상한 냄새가 나거나 흠집이 나 있다면 일단 상품성이 크게 떨어지는 것이다.

우리가 자동차를 살 때도 이런 기준이 있다. 예전에는 사람들이 자동차를 볼 때 어느 회사 제품인지 브랜드가 우선이었다. 유명 회사에서 만든 자동차를 대부분이 선호한 것이다. 하지만 이제는 사람들의 선택기준이 디자인에 좌우되는 경향이 있다. 이미 성능과 기능은 거의 완성도에 이르렀다는 것이다.

이런 것들을 종합해보면 사람들이 추구하는 흐름의 초점이 보인다. 먹는 것과 기본적인 의식에서 이제는 문화시대로 바뀌어가는 것을 알 수 있다. 자동차도 문화, 집도 이제는 문화다. 커피도 문화로 먹는다. 음식도 문화가 되었다.

마찬가지로, 인간의 가장 큰 자산이 외모이다. 우리 시대는 외모지상주의 세상이다. 사람들은 말하기를 능력 있는 사람이 최고라고들 한다. 그러나 이것은 본심이 아니다. 돈이라는 측면에서 보면 능력이다. 그러나 사람 측면에서는 아름다운 외모를 선호한다는 말이다.

생각해 보라! 지금 자동차를 구입하는 사람의 기준은 성능 기능이 아니다. 아름다운 디자인이다. 디자인이 안 되는 자동차는 이제 상품이 되지 못한다는 사실이다. 우리가 어떤 물건을 구매할 때 이제는 머리나 이성이 아니고 눈으로 결정한다는 것이다. 눈에 드는 것에 꽂힌다. 특히 아이들의 선호는 눈이다. "저거야 저거!" 하면 사주어야 한다. 이제는 어른도 마찬가지다. 여성들이 백화점에 가서 늘 반복적으로 실수하는 것이 눈에 드는 것에서 쉽게 벗어나지 못한다는 것이다.

여기서 예민한 부분이 옷이다. 사람은 옷을 입을 줄 알아야 한다. 좀 젊게, 또는 세련되게 옷을 입으라고 권하고 싶다. 이런 것을 사치로 보는 경향이 있는데, 나는 그렇게 보지 않는다. 옷을 잘 입는다는 것은 사회성이다. 사람이 산다는 것은 사회적 활동을 말한다. 그러므로 옷을 잘 입는 것은 사회성을 높이는 것이 된다.

우리 시대에서 앞서가는 사람이 누군가? 옷을 잘 입는 사람이다. 여기서 옷을 잘 입는다는 것은 고급이나 명품을 말하는 것은 아니다. 어느 정도 유행을 따르고, 감각적으로 앞서가는 것을 말한다. 자신이 관심을 가지고 조금만 신경을 쓴다면 몇 만원으로도 우리는 멋쟁이가 될 수 있다.

쇼핑을 가면 흔히 너는 그런 옷이 있는데 왜 또 사느냐고 주변 사람들에게서 피곤한 말을 듣는다. 그렇게 옷이 많은데 무슨 옷을 더 사느냐는 핀잔이다. 옷이라는 것은 유행이 있다. 그리고 옷을 입을 때는 맞추어서 매칭matching이 되게 입어야 한다. 여기서 옷을 잘 입는 멋쟁이는 조화이다. 허름하고 유행이 지난 옷도 잘 매칭하여 입으면 일류가 되는 것이다.

누구나 옷 잘 입는 멋쟁이를 좋아한다. 그리고 중요한 것은 이런 멋쟁이를 부러워한다는 사실이다. 여기서 사람은 상품성과 사회성을 얻는다.

대기업에서 면접관 일을 하는 친구에게 "어떤 사람을 찾는 거야? 학벌? 실력? 능력?"이냐고 물었더니 아니라는 답변이다. 그에게서 놀라운 이야기를 들었다. "세련된 사람이지요"였다. 회사가 제일 중점을 두고 하는 경영이 비즈니스이다. 이것은 사람을 만나는 일이다. 사람을 설득하고 환심을 사는 것이다. 그래서 아름다운 사람으로 옷을 잘 입으라는 것이다.

요즘은 하나같이 살을 뺀다고 말한다. 다이어트! 나는 이것을 반대한다. 그것보다는 있는 그대로 멋있게 옷을 입으라는 말이다. 작은 사람, 뚱뚱한 사람도 얼마든지 옷을 잘 입으면 멋쟁이가 될 수 있기 때문이다.

사람은 첫눈에서 모든 결정이 이루어지는 것이다. 그러므로 우리가 어떤 사람을 만나든지 첫눈에 들어야 한다. 첫눈에 반했다는 말을 많이 한다. 이 말은 모든 분야에서도 사실이다. 사람은 그만큼 첫 인상이 중요하다.

모든 사람은 예쁜 사람과 멋있는 사람을 싫어하지 않는다. 다시 말하면 거부하지 않는다는 말이다. 더 나아가 이런 아름다움이 있는 사람과 대화하기를 원한다는 것이다. 다시 보고 싶어 하는 것이며, 기다린다.

사람은 이렇게 자기보다 멋있고 아름다운 사람이 찾아오는 것을 심리적으로 기뻐하는 것이다. 자기보다 못한 사람이 오면 심리적으로 위축이 되는 것이며, 상대적으로 무시당하는 느낌을 받는다고 한다.

나는 어쩌면 무리한 요구인지 모르나, 형편이나 상황이 좋지 아니할 때에는 역으로 고급차를 타라는 주문을 하고 싶다. 특히 사람은 자동차에 민감하기 때문이다. 가장 사람을 돋보이게 하는 작용을 자동차가 한다.

한 예로, 약 30년 전에 사업에 실패하면서 사람들에게 쫓겨 다니느라 집에 들어가지도 못하고 도망 다니는 친구가 나를 찾아온

적 있다. 부도가 나서 도피중이라고 한다. 가진 돈은 얼마가 있느냐 물었더니 1000만원 정도라고 한다.

나는 이 친구에게 이런 제의를 하였다. 그 돈으로 그랜저 중고차를 사라고 하였다. 그때는 그랜저가 최고급 승용차였다. 여기서부터 그 친구의 사회생활이 잘 풀렸다는 것이다. 그랜저를 타고 나가니까 주변 사람들이 어음을 빌려 주더라는 것이다.

문제는 내가 풀어야 한다. 내 문제를 대신 풀어줄 사람은 없다. 내 몸을 상품으로 아름답게 만드는 것이다. 그리고 내 스타일을 세련되게 만드는 것이다. 내 자신이 우아하고 화려한 사람이될 때, 여기서 발생하는 중요한 것이 자신감이다. 우리는 최종적으로 자신감을 회복해야 한다.

이런 자신감이 돈에서 온다고 생각하지 말라. 그러면 희망이없다. 나아가 환경에서 온다는 생각도 하지 말아야 한다.

그러면 어디에서 자신감이 온다는 것인가? 몸에서 온다는 사실이다. 내 몸이 건강하고, 내 자신이 화려해지면 사람은 밖으로나갈 용기가 생긴다. 그리고 사람을 만나는데 자신이 있게 된다.

용기와 자신감이 우리의 사회적 자산이다. 이 자산이 바로 우리 몸에서 나오는 것이다. 내 몸을 운동으로, 아름다운 옷으로, 그리고 고급 자동차로 업그레이드하여 높이기를 바란다.

10

문제의식을 버려라

　　모든 사람은 자기 색이 있다. 자신이 선호하는 색
이다. 나는 회색을 좋아하는 스타일이다. 내가 좋아하는 색 외에
다른 색은 이유 없이 싫다. 그리고 거부감도 강한 것이 사람의 스
타일이다. 내 취향에 따라서 좋은 것과 싫은 것이 나뉘는 것일 뿐
그것이 나빠서 싫은 것은 아니다. 그냥 어색한 것이다.

　우리가 이 세상을 사는 스타일을 보면 대부분이 이런 식이다.
좋아하는 것은 하나이면서 싫어하는 것은 많다. 여기서 우리는
나누어지는 것이다.

　서울 약수동 산동네에서 어린 시절을 보낸 나는 동네 어른들

이 항상 다투는 것을 보고 성장하였다. 어른들이 어떤 부류의 사람들을 차별하면서 싫어하는 것이었다. 어느 정도 커서 나중에 알게 되었는데, 그 이유라는 것이 웃긴다. 지역감정이었다. 경상도 사람은 전라도 사람을 싫어하고, 전라도 사람은 경상도 사람을 미워한 것이다. 그래서 어디를 가나 이 두 지역 사람들은 언제나 사이가 불편하다. 같은 동네에 사는 이웃이고 친구이면서도 분열되어 있는 것이다.

마찬가지로 우리가 사회를 살면서 알게 모르게 이런 경우가 많다는 것을 알 수 있다. 이것 역시 자기 문제의식 때문이다. 자기 하고 다른 사람에 대해 이유 없이 거부감을 갖는 것이다. 나와 다른 사람에 대하여 우리는 흥미를 갖고 포용하는 것이 필요하다. 우리가 세상을 산다는 것은 여러 다양한 사람들을 만난다는 것이다. 이것이 사실은 얼마나 흥미로운 것인지 모른다. 그럼에도 보통 사람들은 나와 다른 사람들을 경계하는 것이다. 이것이 우리 사회생활을 좁게 만드는 것이다.

여기서 또 하나의 문제를 지적하지 않을 수 없다. 그것은 이념이다. 나와 다른 의식, 즉 나와 다른 정치 성향을 대적하는 것이다. 사람 사는 세상을 보면 항상 상대가 있어서 내가 있는 것이다. 상대가 없이는 내가 존재하지 않는다. 이것이 사회구성이다.

여당이 있어서 야당이 있는 것이다. 사람이 있어서 세상이다.

사람이 있음으로 사회가 되는 것이다. 그런데 이렇게 중요한 상대를 적으로 보는 것이 정치 문제이다. 사회는 보수가 있어서 진보가 있는 것이다. 바꾸어 말하면 진보가 있어서 보수도 존재하는 것이다. 어느 하나가 존재하는 정치는 일당독재의 공산주의가된다. 독재에는 상대가 없다. 상대는 적이다. 그리고 상대는 제거의 대상이다.

지금 우리 사회가 이런 갈등을 빚고 있다는 것이 이해하기가어렵다. 보수정치도 권력을 잡고, 진보정치도 권력을 가지는 것이 민주주의 정치제도이다.

진보나 보수는 서로 보완적이다. 보수정치만이 우월하다고 생각하는 것은 개인적 성향으로는 이해가 되지만, 이것을 사회정치에서 그렇게 생각하는 것은 옳지 않다는 것이다. 이런 면에서 우리 시대는 새로운 정치 독재가 보이는 것이다. 내 정치 의식은 그렇다 하더라도 나와 다른 상대는 또 다른 면에서 사회 파트너이다. 보수만 가지고 살지 말고 진보로도 살아야 한다. 나아가 진보는 보수와 관계를 이루는 것이다.

이 세상은 나와 다른 의식을 가진 사람이 얼마나 많은지 모른다. 우리는 어떤 의식의 사람과도 친구이면서 사회성을 키워가는것이 중요하다. 나와 다른 의식의 사람들을 인정하면서 좋은 사회 파트너가 되는 것이다.

우리가 사는 사회는 좁은 의미에서는 시장이다. 물건을 사고 파는 거래의 장이다. 그러므로 우리는 시장 의식을 가져야 한다. 시장에서는 모든 사람이 다 내 고객이다. 언젠가는 그 사람에게 물건을 팔아야 하고, 그 사람에게서 내가 물건을 살 때가 있는 것이다. 이 세상에서 모든 의식이 하나가 되어서 풀리는 곳이 시장이다. 이렇게 시장에서는 차별이 없다. 그리고 색깔도 없는 곳이 시장이다.

시장 의식에서 눈에 띠는 것이 있다. 문제의식이 없다는 것이다. 누가 사는지, 어떤 사람이 파는지 전혀 문제가 없는 것이다. 어디든지 가서 내가 원하는 물건을 사는 것이 시장이다. 그리고 내 물건은 누구든지 살 수 있는 것이다.

나는 우리 시대가 가져야 할 의식이 있다면 그것은 시장 의식이라 생각한다. 거기에서는 절대로 나누어지지 않는다. 구별도 없다. 모든 사람이 평등한 곳이 시장이다. 자격을 논하지도 않는다. 이렇게 아름다운 곳이 시장이다. 기분이 나쁠 때, 우울할 때, 괴로울 때 시장을 가보라! 시장은 언제나 대 환영이다. 가진 자와 없는 자가 항상 동등한 취급을 받는 곳이 시장이다.

우리는 이 세상을 살면서 그러한 시장 문화를 가져야 한다. 시장 사회, 시장 정신, 시장 의식이다. 여기서 우리의 문제의식을 극복할 수가 있는 것이다. 우리는 시장성을 확장하기 위하여 개인 성향, 즉 문제의식을 과감하게 털어내야 한다.

그것은 무엇보다도 사람이다. 모든 사람은 나에게 기회이면서 복이라는 사실이다. 사람을 얻는 것이 기회를 만드는 것이다. 나아가 사람이 돈이다. 사람을 통하여 돈은 나에게 오는 것이다. 사람을 거쳐서 복이 온다. 한 번 더 말하면 모든 기회는 사람으로부터 온다는 사실이다.

그러므로 우리 인생이 경제적으로 풀리기 위하여 사람을 소중히 여기고, 만남을 귀중하게 여겨야 한다. 그가 어떤 사람인지 따지지 말라. 그가 어디 사람인지도 묻지 말라. 그 사람의 개인 성향을 문제 삼지 말라! 이런 것들을 문제 삼는다는 자체가 내 인생의 미래를 차단하는 것이다. 그리고 예의가 아닌 것이다. 그 사람이 가진 개인사를 비판하고 비난하는 것은 내 허약을 드러내는 것이다.

우리는 사회에서 이런 개인 문제를 적극 포용하는 것이 좋다. 나의 고객, 즉 나의 이웃과 친구와 동료를 미워하거나 거부할 이유가 없다. 나의 고객을 비판한다는 것은 어리석은 사람이다. 나의 고객은 어떤 경우든지 나의 왕이다.

이런 고급 의식을 가지고 살면 내가 만나는 모든 사람은 다 돈이 된다. 사람이 인간관계가 풀리면서 인생이 풀리는 것이다. 무슨 의미인가? 여기서 경제가 풀리는 것이다.

내가 이야기하는 것은 사람은 경제가 풀려야 한다는 것이다. 이것은 내가 푸는 것이다. 어떤 사람도 내 경제를 풀어주지 않는다. 내가 만나는 주변 사람을 고객으로 보라. 내가 만나는 가까운 사람을 왕으로 예우하라. 그리고 특히 내 파트너를 극진히 섬기기를 바란다.

사람은 사람을 키워야 한다. 내가 다른 사람을 높여 주어야 한다. 내가 상대하는 모든 사람을 칭찬해야 한다. 내가 만나는 사람들과 내 주변에 있는 사람을 절대로 험담하면 안 된다.

여기서 중요한 것이 하나 있다. 우리는 세상을 '종'으로 사는 것이다. 적어도 내가 만나는 사람, 내 주변에 있는 사람, 나와 함께 하는 사람에게 종의 자세를 가질 필요가 있다. 내가 종이 되면 따라서 그 사람은 주인이 된다. 나아가 내가 종으로 그 사람을 섬기면 그는 왕이 되는 것이다. 아무리 타락한 세상이지만 종에 대하여는 책임을 진다. 사람이 아무리 악인이라도 자기 종을 버리는 왕은 없다는 사실이다.

내가 보는 인간의 최고 의식은 '종'이다. 종 의식을 가지면 내 인생은 반드시 달라진다는 것이다. 종을 싫어하는 사람은 없다. 나쁜 사람도 자기 종은 믿는다.

11

고정관념을 깨라

　　우리가 세상을 사는 데는 마음의 유연성이 필수이
다. 그리고 생각의 유연성이다. 여기서 가장 좋은 것은 고정관념
이 없는 것이다. 그런데 대부분의 사람들은 고정관념에 갇혀서
산다.

　지금 우리 시대의 큰 흐름은 모든 것이 빠르게 바뀐다는 것이
다. 옛날에는 무슨 일을 하는 사람이냐가 중요했다. 그 사람의 출
신과 직업이 곧 그의 배경이었다. 그런데 지금은 아니다. 우리 시
대는 귀족도 양반도 없다. 부자와 가난한 사람의 구별도 없다.

　지금은 다 좋은 집에서 산다. 고급 자동차를 타고 다닌다. 그런데 옛날에는 입는 옷에서 차이가 났다. 부자와 가난한 사람이 생활에서 달랐다. 부자가 입는 옷과 음식이 따로 있었다. 내가 어렸을 때는 부자는 쌀밥, 가난한 집은 보리밥이었다. 높은 사람은 자가용 타고, 신분이 낮은 사람은 버스 타고 다녔다. 아버지들이 마시는 술도 부자는 맥주 마시고, 가난한 사람은 소주 마셨다. 하지만 지금은 부자나 가난한 사람이나 다 이런 것들이 똑같다. 요즘은 이런 면에서 평준화가 되었다.

이제는 그렇게 겉으로 드러난 면들뿐만 아니라 우리 의식도 자유인이 되어야 한다. 다른 사람을 의식해서 사는 사람은 피곤하다. 누구의 눈치를 보는 것, 어떤 사람에게 잘 보이려는 것이 바로 우리 인생을 제한하는 것이다. 내 소신을 가지고 사는 것이 멋있는 사람이다. 인생을 내 주도로 사는 사람이 자유인이다.

누구처럼 사는 것, 누구를 따라 사는 것, 누가 하는 대로 인생을 산다는 것은 불행한 인생이다. 이것은 자신의 인생을 망치는 것이다. 여기서 벗어나야 바로 내 인생이 활력을 가지고 살 수가 있다. 내 인생을 살라는 것이다. 남처럼 하지 말라. 누구처럼 살지 말라. 누구를 따라서 행동하지 말라! 다시 말하면 누구를 의식하지 말라는 것이다.

우리 인생이 펼쳐지지 못하는 것은 다른 사람의 칭찬을 의식하기 때문이다. 이것 역시 자유해야 한다. 우리가 하는 행동들을 보면 억지춘향이 많다. 여기서 쓸데없는 낭비가 생겨나는 것이다. 남들 시선을 의식해서, 또는 부모에게 칭찬 받으려고 효도하는 가정들을 본다. 여기서 사람들은 지친다는 것이다.

사람들에게 인정받으려고 선물을 한다. 경제적인 어려움을 가지고 있지만 사람의 눈에 들기 위하여 마지못해 예의를 갖추는 것이다. 여기서 힘이 빠진다. 더 웃기는 것은 명절 선물 받는 것을 부담스러워하고 귀찮아하는 사람들이 많은 요즘이지만 스스로 인정받으려는 이기심에 선물질을 한다. 여기서 개인 경제가 무너지는 것이다.

제가 아는 중소기업 사장 한 분은 가정 경제가 말이 아니다. 오죽하면 부인이 저에게 안타까움을 호소했을까 싶다. 말인즉슨 회사가 망하고 있는데도 남편이 아직 정신을 못 차리고 있다는 것이다. 부인이 말하는 이유는 명절 인사치레와 직원 보너스 때문이라는 말이다. 제가 남편을 만나서 명절이 돌아오면 얼마나 힘드냐고 물었다. 그때 들은 이야기는 놀랍게도 직원 10여 명의 작은 회사인데 명절을 한 번 넘기려면 5천만원이 지출된다고 한다. 내역은 상품권 구입이 3천만원, 보너스가 2천만원이었다. 이것을 하지 아니하면 거래가 끊긴다는 것이다. 상품권 같은 경우는 강매라고 한다.

그때 내가 한 조언은 먼저 관행에 자유해야 한다는 것이었다.

그동안 어려움에 처한 회사를 지켜내야 한다는 절박함에 경제적 무리를 감수해왔다면, 이제는 속박해온 그 굴레에서 벗어나야 회사가 정상화된다는 말이다. 그러기 위해서는 반드시 지출해야 할 것과 그렇지 않은 것을 명확히 구분해 과감히 끊는 결단이 필요하다. 사람은 한 번 들인 습관은 좀체 버리지 못하기 때문이다.

식당을 하는 친구는 적자이면서 빚으로 계속 운영한다고 한다. 적자사업을 접지 못하는 이유는 자신이 실패하고 놀면 가족들이 낙심한다는 것이다. 이것 역시 자유해야 한다. 실패하거나 망한 일을 감추려고 하면 더 큰 수렁에 빠진다는 사실을 알아야 한다. 실패를 부끄러워하지 말아야 한다.

우리 주변에는 실패를 감추고, 가난을 드러내기를 두려워하는 사람들이 의외로 많다. 남들을 의식하는 고정관념이다. 이제 주저 말고 드러내고, 어렵다는 말을 하라. 그리고 없다는 말을 하라. 여기서 사람들의 동정이 일어나는 것이다. 이것은 대단한 용기이다.

또 하나 여러분들이 가질 것은 용기이다. 여러 사람들을 만나 이야기를 들으면 점차 용기가 생기게 된다. 용기 있는 사람은 반드시 재기가 가능한 세상이다. 결국은 누가 이 세상을 차지하는가? 용기 있는 사람이다. 그러기 위해서는 열린 마음, 열린 자세가 필요하다.

사람들은 가는 길만 간다. 하는 일만 생각한다. 아는 것만 바라본다. 그런데 사실은 그것들은 극히 일부분일 뿐이다. 그 밖의 세계는 무궁무진하다. 그런데도 사람들은 그것만 생각한다. 그것만 바라본다. 여기서 절망하는 것이다.

이때 책을 읽으라. 영화를 보라. 그리하면 새로운 생각이 들게 되며, 새로운 것이 보이게 된다. 새로운 사람을 만나고, 새로운 길을 가보라. 그 전에 보이지 아니한 새로운 길이 보인다는 것이다. 내가 보지 아니한 것을 보라. 내가 멀리한 것을 접해 보라. 내가 하기 싫어하는 것을 해보라.

그리고 새로운 음식을 먹어 보라. 사람의 생각이나 습관을 결정하는 것이 상당 부분 음식이다. 평상시 좋아하는 음식보다는 이제까지 안 먹었던 음식을 먹어 보라. 안하던 것을 해보라. 평소에 신경을 쓰지 않고 살았던 것에 신경을 써보라. 분명히 새로운 것이 보이는 것을 알게 된다.

나아가 사람도 바꾸어 보라. 싫어하는 사람과 미운 사람을 만나 보라. 옛날 사람, 멀리 있는 사람을 만나서 이야기를 해보라. 새로운 동기가 생긴다. 여기서 내 기분과 감정에 변화가 일어나는 것이다. 내 자신의 생각과 감정에 변화가 일어난다는 사실이다.

자기 자신을 과감하게 이끌어가는 것이 중요하다. 예를 들면 막일, 막노동, 힘들고 어려운 일을 한 번 해보는 것이다. 내 자신이 확 달라진다. 감사하는 마음이 생긴다. 자신감이 온다. 그리고 여기서 중요한 용기가 나오는 것이다.

내 인생의 문제는 내가 풀어야 한다. 다시 말하면 내 몸에서 풀려야 한다는 것이다. 운동선수, 프로 선수들이 늘 하는 운동은 자기 몸 풀기이다. 그들은 기술훈련, 지식교육은 거의 하지 않는다. 이런 것들은 아마에서 하는 것이다. 이런 아마추어 의식을 버려야 한다. 지금 와서 무슨 기술훈련, 무슨 지식교육? 아니다! 지금 내가 할 일은 교육과 훈련이 아니다. 내 몸을 풀어서 경기에 나가는 것이다. 유연성을 키우고, 현실에 유연한 자세를 갖는 것이다. 이것이 스트레칭이다.

여기서 당신의 몸은 풀려 있는가, 유연함이 터득되었는지 반드시 체크해야 한다. 만일 이 부분이 아직 준비가 되지 않았다면 먼저 이 부분을 만드는 것이 우선이다. 두려운 마음, 까칠한 생각, 자신 없는 자세, 사람을 의식하는 태도, 주변 사람을 의식하는 눈치, 겉치레로 인한 체면 등에서 자신을 자유롭게 하라!

이렇게 내 몸만 준비가 되면 우리 인생에 무슨 일이 일어날지는 아무도 모른다. 내 몸이 준비되면 전혀 예상 밖의 일들이 벌어지는 것이다. 다시 한 번 말씀드리는데 여기서 중요한 것은 내 몸이다. 인간의 용기는 몸에서 나오는 것이다. 자신감이나 과감한 도전정신도 몸에서 나온다.

나는 어떤 것도 규정하지 않는다. 이유는 모든 것은 달라지기 때문이다. 오늘의 내게 내일 어떤 역사가 일어날지 아무도 모르는 것이 인생이다. 이 세상일은 내일 어떤 변화가 일어날지를 예측하지 못한다. 그러므로 우리는 포기하지 아니하고, 날마다 기대하면서 기다리는 것이다.

12

예술가의 포스를 가져라

　　모든 것은 아름다움으로 표현되어야 한다. 이것이 예술이 추구하는 것이다. 이런 예술의 정상이 음악과 영화이다. 여기서 예술은 인간사와 세상의 모든 비극을 아름다움으로 그려내는 것이다.

　　인간의 가장 큰 아픔은 이별이다. 역사를 보면 전쟁의 이별, 가난의 이별, 부모와 이별, 가족과 이별, 사랑의 이별 등 이별 이야기가 주류를 이룬다. 인간의 모든 아픔과 눈물, 그리고 상처가 이별이다.

　　이 이별 이야기에 리듬이 붙고 멜로디가 달리면 천상의 아름다운 노래가 되는 것이다. 우리 인간의 고통과 수고들이 연출이 되고, 시나리오를 거치면 멋진 영화로 만들어지는 것이다. 어떤 재료이든지 어머니의 손을 거치면 맛있는 음식이 되듯이 인간이 품을 들이면 모든 것이 예술이 된다.

모든 사람은 예술가이다. 어느 TV 프로그램에 패션 전문가 한 분이 나와 입지 않는 옷들을 리폼을 한다. 장식 하나 달고 레이스 하나 붙이면 그야말로 아름다운 명품이 되어서 백화점 행사에서 팔려 나가는 것을 보았다.

이제 우리도 예술가가 되어야 한다. 이 세상을 연출해서 아름 답게 만드는 사람이 필요하다. 따지고 보면 모든 사람은 멋진 요 리사이다. 그리고 예술가이다. 차이는 직업이고 아니고이며, 전 문가와 비전문가일 뿐이다.

내가 사는 삶, 내가 행하는 일, 나의 일상에서 예술가가 되는 것이다. 우리는 아름다움을 연출하는 사회인이 되는 것이다. 내 일에서 아름다움이 나와야 한다. 그리고 내 삶에서 아름다움이 연출되는 것이다. 우리의 일거수일투족에서 아름다움이 보여야 한다. 예술은 아름다움을 연출하는 기술이다.

인생을 의미를 가지고 살면 예술이 된다. 일의 의미, 인생의 의미, 수고의 의미, 고통의 의미, 실패의 의미를 붙이면 아름다 운 인생이 되는 것이다. 동서고금을 망라해서 영원히 아름다움으로 승화되는 부류의 사람이 어머니이다. 어머니처럼 아름다운 이름이 세상에 없다. 그 이유는 어머니의 인생은 의미가 크기 때문이다.

어머니의 인생이 음악이다. 어머니의 존재가 영화이다. 이것은 특정한 사람의 이야기가 아니다. 이 세상 모든 어머니는 예술 인생이다. 어느 역사, 어느 가정, 어느 사람에게든지 어머니는 아름다움의 상징이다.

주변을 둘러보면 어머니 말고도 세상을 아름답게 만드는 의미 인생들이 많다. 촛불 같은 인생을 사는 사람들이다. 무명용사처럼 빛도 없이 이름도 없이 희생으로 사는 사람들이다. 그들이 있어 우리 사는 세상이 여전히 따뜻하고 아름다운 것이다.

밝음이 있으면 그늘이 존재하듯이 어느 때는 스스로 무력감에 빠져 나 같은 사람은 없어도 되는 세상 같다. 아무짝에도 쓸모가 없는 존재 같기도 하다. 내 존재 자체가 다른 사람에게 피해를 주는 것 같은 생각이 들 때도 있다. 하지만 그럴수록 우리 스스로 존재감을 높여야 한다.

사람이 인생을 산다는 의미는 성공 출세, 그리고 부자 화려함만이 아니다. 이런 것은 의미로 보면 아주 약한 것이다. 오히려 소박한 들풀이나 들꽃 같은 인생이 의미가 깊다는 것이다. 하찮은 풀 한 포기, 눈에 보이지 않는 미생물도 인간 역사로 보면 그

의미가 크다는 것을 알게 된다. 우리 인간이 자연세상을 살아가는데 절대로 필요한 것들이다. 이런 것들의 역사가 없이는 인간 세상이 존재가 불가능하다는 사실이다. 그런 미생물 하나하나를 의미로 보면 엄청난 가치라는 것이다.

자연이 유지되는데 절대적으로 필요한 것이 꿀벌이다. 그런데 얼마 전에 본 기사로는 꿀벌이 멸종되어 간다는 것이다. 만일 자연계에 꿀벌이 사라진다면 식물은 더 이상 열매를 맺을 수 없게 된다. 이것을 사람이나 과학이 대신할 수 있는 일이 아니라는 것이 긴장이다. 그 연장선상에 인간 생존이 매달려 있다.

우리를 더욱 긴장하게 하는 것은 현 시대의 최대 이슈로 부상한 인구 감소이다. 이 세상 역사에 가장 귀한 보배로운 존재는 사람이다. 그럼에도 어리석은 인간은 자신의 가치를 모르고 물질 이하 취급을 하고 있다. 인간의 가치를 물질로 보는 세상이 마귀처럼 득세해 인간의 존엄성을 스스로 파괴하고 있다. 그것은 자연스레 인구 감소로 귀결돼 이제는 피할 수 없는 재앙이 되었다. 우리는 지구 종말을 종교적인 의미로만 보아왔다. 그런데 이제는 인구 감소에서 지구 종말이 다가오는 것이다.

인간 인식이 문제이다. 사람의 가치가 자본주의에서는 여전히 능력이다. 능력이 없는 사람을 버리는 세상이다. 능력 없는 남편, 능력 없는 남자는 쓰레기 취급한다. 어리석은 것이다. 사람의 가치를 돈이나 일, 즉 능력으로 본다는 것은 불행한 일이다. 능력이나 경제력보다 남편과 아버지 존재가 얼마나 귀한지를 알아야 한다. 아버지 없는 자녀들, 남편이 없는 가정의 채울 수 없는 아픔의 비극이 얼마나 큰지를 실감하게 될 것이다.

사람의 가치는 능력이 아니라 존재이다. 가정에는 돈보다 남편과 아버지의 존재가 필요한 것이다. 아내와 어머니의 존재도 마찬가지다. 이런 것들은 돈으로 대체하지 못하는 엄청난 것들이다. 그런데도 사회가 이런 식으로 사람을 능력으로만 본다면 이 세상은 무너질 수밖에 없다.

우리는 존재감을 가지고 사는 것이다. 사람 자체가 가치이다. 어쩌면 존재 자체만으로도 사회와 가정 그리고 역사에 기여하는 것이 크다는 것이다. 사람 자체로 의미가 크다는 사실을 인지하는 것이 필요한 세상이다. 이 세상을 더 이상 물질 인생으로 살려는 생각을 버리기를 바란다.

이제 인간 문제는 물질 문제, 경제 문제가 아니라는 사실이다. 앞으로 우리나라 역시 개인의 기본생활을 정부가 책임지는 시스템으로 가야 한다. 국가를 평화롭게 유지하고 사람들이 안정적으로 사는 것이 이제는 개인에서 국가의 의무로 가는 시대가 되었다. 북유럽 국가들이 이 부분에서 앞서가고 있다.

앞으로의 세상은 개인 능력으로 사는 시대가 아니다. 국가 능력, 기업 능력으로 국민생활을 보장하는 복지사회가 미래의 환경이다. 여기서 우리가 가질 포스는 예술가이다. 예술인생을 사는 것이다. 예술가는 세상을 돈으로 살지 않는다. 그들은 인생 자체가 예술품이다. 존재 자체가 돈이다. 존재가 능력이다.

이러한 변화에 있어 21세기 대한민국은 뛰어나다 할 수 있다. 우리나라는 지식 수입, 기술 수입에서 예술 수입으로 바뀌어 가고 있다. 다시 말하면 사람 수입이다. 사람이 뛰어난 예술품이다. 이것이 지금 우리나라의 현실이다. 음악과 영화가 산업이다. 한국인 자체가 세계가 필요로 하는 우수한 가치이다.

세계는 한국 사람을 사갈 것이다. 지금 아이돌 그룹과 스포츠 분야는 물론 한국 영화와 드라마가 할리우드를 넘어 세계를 매료시키고 있다. 이제 우리나라의 자본은 사람이다. 우리나라에는 한국 사람이라는 세계적인 자원이 있다. 세계인들은 한국 사람에게 열광한다. 세계는 한국 사람을 주목하고 있다.

한동안 세계 문화를 주도해온 미국의 문화예술, 그리고 산업에서의 자본은 유대인이었다. 그런데 이제 전 세계는 한국인을 바라보고 있다. 특히 한국 사람은 우수하고 아름답다는 것이다. 우리는 이제 존재감을 키워야 한다. 우리가 한국 사람인 것만으로 상품이다. 그리고 가치이다.

13

중산층이 되라

우리가 어디에 살든지 중산층은 되어야 한다. 중산층이란 아직까지 그 개념이 명확하지는 않다. 그런데 어느 사회이든지 중산층이 중심을 이룬다는 것은 사실이다. 일반적으로 중산층은 상위 20%에 속하는 경제적 소득층을 일컫는다. 그리고 중간층이 소득의 50% 정도가 해당된다.

다보스 포럼에서는 중산층 사회에 스스로 속한다고 생각하는 정신적 상태가 중요한 지표가 된다는 입장이다. 세계은행은 글로벌 중산층의 개념을 세계적 생산품을 소비하고 국제 수준의 교육을 원하는 계층을 말하며, 구매력 평가 기준으로 1인당 연간 소득이 5천만원에서 7천만원 정도라고 말한다. 한국을 기준으로 중산층은 자기 집과 중형차를 소유하고, 자녀를 사립대학에 보낼 수 준이라고 한다.

우리 부모 세대까지는 중산층이 재산으로 구별되기도 하였다. 그런데 21세기에 들어와서 중산층의 개념이 달라진 것이다. 더 이상 재산 가지고 중산층을 말하지 않는다는 것이다.

그러면 우리 시대의 중산층은 무엇인가? 소득 기준이다. 월 소득, 연간 소득을 가지고 말한다. 지금은 신용이 소득이다. 가진 재산은 신용과 별개라는 것이다. 그러므로 우리는 대한민국 땅에 서 존재감을 가지고 살기 위하여 소득의 중산층을 이루어야 한다 는 사실이다.

2000년 1월 1일에 어느 매체에서 나온 기사에 따르면, 한국에 서 살기 위해서는 1, 2등을 해야 한다는 것이다. 3등인 경우에는 이민 가라는 기사이다. 새로운 기사여서 아직도 내 기억에 남아 있는데, 이 기사는 우리의 현실이다. 대한민국의 현실이 되었다.

그러므로 우리는 대한민국의 중산층에 들어가야 한다. 나는 이것을 어려운 문제, 높은 벽이라고는 생각하지 않는다. 우리가 계획을 세워 노력하면 얼마든지 가능한 사회이기 때문이다. 부부 가 맞벌이로 계획하면 어려운 일이 아니라고 본다.

그런데 여기서 문제는 관행이다. 부부가 이런 중요한 현실을 상의하기 어려운 한국 문화가 있다. 일단 돈은 남편이 벌어야 한다는 관행, 그리고 경제는 남자가 책임을 진다는 관행이다.

나아가 이 부분을 남편이 결혼 전부터 아내와 상의하지 못하는 문제가 있다. 자존심의 문제이다. 이런 문제를 아내와 협의하면 마치 무능한 사람 취급을 당한다는 것이다. 그래서 대부분이 이런 사실적이고 실제적인 문제를 구체적으로 논의해서 계획을 세우지 못하고 결혼을 해버리는 것이다. 여기가 함정이다. 다시 말하면 부부가 함께 논의해서 계획을 잡으면 그 가정은 우리 사회에서 어렵지 않게 중산층으로 당당하게 살 수 있다는 것이다.

나는 개인적으로 결혼하는 젊은이들에게 이런 제안을 하고 싶다. 결혼 전에 10년 계획서를 만들라는 것이다. 지금 대한민국은 사회적 기반이 든든해서 10년을 계획하면 얼마든지 중산층을 이룰 수가 있다.

일반적으로 부부가 건강하고 노동력이 있다면, 이들 가족이 빠르게 중산층으로 가는 지름길은 부부가 본업 외에 일용직이나 아르바이트로 투 잡을 하는 것이다. 이것이 왜 빠르게 중산층으로 가는가 하면 피곤은 하지만 마음이 편하고, 해보면 재미가 있다는 것이다. 이것은 누구에게 의존하거나 부탁하지 않아도 주변에서 쉽게 할 수 있는 일이다. 아무튼 나는 우리 독자 모두가 중산층에 이르기를 강력히 권하는 바이다.

사람이 산다는 것은 소비이다. 사람은 소비에서 행복이 있다. 소비를 하는 사람이 그 사회에 기여하는 부류이다. 소비를 하는 만큼이 그 사람의 능력이다. 이런 면에서 세상 최고의 능력 국가는 미국이다. 세계 인구의 5%가 미국이다. 그런데 놀라운 것은 세계 소비의 24%를 미국이 한다는 사실이다. 그냥 미국이 아니다. 소비지표를 보면 2위 중국, 3위 일본은 미국과 경쟁이 안 되는 소국이라는 것이다.

우리는 왜 중산층을 목표로 해야 하는가? 한 국가의 가장 큰 소비 부류는 중산층이기 때문이다. 지금 한국은 중산층이 무너지는 위기이다. 현재 우리나라의 중산층은 스스로의 문제를 가지고 있다. 그것은 지나치리만큼 과도한 부동산 취득이다. 한국 사람이 극복해야 하는 정신 패턴이 바뀌어야 중산층으로 갈 수 있다고 본다. 돈 벌어서 집을 산다는 것이다. 이상하리만큼 한국 사람은 집 열등감, 집 타령이 강하다. 모든 사람이 집을 사는 것이 목표이다. 왜 이렇게 집에 집착하는지 모르겠다.

집을 사면 대출금 갚는데 적어도 10년은 걸린다. 그러면서 사람은 지친다. 인생이 사는 재미가 없게 된다. 사는 의미를 잃는다. 나아가 사람의 이미지 자체가 망가져 버린다. 여기서 중요한 가족 관계, 이웃 관계, 친구 관계가 다 끊어지는 것이다.

그리고 더 큰 문제는 이렇게 사는 사람의 공통점이 사는 재미를 잃어버린다는 것이다. 그러다가 보면 지치고 병든다. 그리고 늙어 버린다. 집도 있고, 어느 정도 경제적인 안정도 이루었지만 사람이 지쳐서 망연자실이다. 이렇게 되면 행복이 없다는 것이다.

우리의 행복은 재산이나 집이 아니라는 것이다. 그러면 행복은 무엇인가? 소비이다. 그런데 문제는 소비가 없이 사는 인생에는 소비가 두려움이 된다. 이제 돈을 쓰지 못한다. 여기서 부부 사이, 자녀 관계, 형제 간의 모든 관계가 악화되어 버린다. 나도 모르게 내 인생은 독거노인처럼 된다. 자신의 주변에는 사람들이 없다. 홀로인생이다. 만날 사람이 없다. 이야기를 하고 싶은데 대화할 사람이 없게 된다. 여기서 인생 최종 함정에 걸리게 된다. 그것이 고독, 외로움이다. 이것이야말로 정말 인생의 그늘이다. 이것이 소비 없이 사는 사람의 인생 종착역이다. 홀로 등산, 홀로 운동, 홀로 여행이다.

우리는 알아야 한다. 인간의 행복은 사람이다. 소비에서 사람을 만나는 것이다. 소비에서 사람을 얻는다는 사실이다. 일에 몰두하여 살고, 돈 버는데 집착하여 살고, 그리고 오직 직장 인생을 살았다. 많은 사람들이 사업으로 돈은 모았으나 사람을 잃었다.

이런 면에서 우리는 소비 위주의 삶을 사는 것이 지혜이다. 그러기 위하여 우리는 반드시 중산층을 만들어야 한다. 우리 부모 세대에는 중산층이 그림의 떡일 수도 있었다. 중산층으로 가는 대부분의 사람들이 부동산 투기였다.

　그런데 우리 시대는 다르다는 것이다. 노력하고 수고하면 10년이면 중산층이 가능하다. 그 이유는 대한민국의 경제 기반이 얼마든지 중산층을 가능하게 만든다는 것이다. 현재 우리 개인의 경제 사정이 조금 힘들고 어렵더라도 10년을 계획하면 우리의 노동력으로 중산층이 가능하다는 것이 희망이다.

　여기서 중요한 것이 건강이다. 몸으로 하는 장사, 그리고 몸으로 하는 일, 즉 노동력으로 사는 것이다. 여기서 돈과 사람을 얻는다는 사실이다.

14

조직생활을 하라

　사회는 조직이다. 모든 구성 자체가 조직이다. 조직tissue은 동물과 식물에 모두 있는 구성 단계로 형태와 기능이 비슷한 세포들이 모여서 형상과 생산을 만들어낸다.

　동물에는 상피조직, 결합조직, 근육조직, 신경조직이 있으며, 식물에는 분열조직, 포기조직, 통도 조직, 유 조직, 기계조직이 있다.

　여기서 상피조직은 동물의 몸을 덮고 있거나 내장기관의 안쪽 면을 덮는 조직을 말한다. 이 조직의 세포들은 빽빽하게 늘어서 있으며, 분비샘을 형성하기도 한다. 피부, 손톱, 망막, 분비샘 등이 그 예이다. 결합조직은 다른 조직을 결합시키고 지지하는 역할을 하는데, 상피조직과 달리 세포들이 흩어져 있다. 힘줄과 인대를 포함한 섬유성 결합조직을 말한다. 근육조직은 근육섬유들이 모여 있는 것으로 골격근, 내장근, 심장근이 있다. 또 심장조직은 뉴런으로 구성되며 자극을 전달하는 역할을 한다.

이렇게 조직은 모든 구성에서 실제적이다. 자동차가 어떻게 만들어지는가? 여러 종류의 조직결합으로 완성이다. 어떤 단체나 기업이 만들어지는 것 역시 조직결합이다. 정치도 조직결합이다. 정부가 되어지는 것도 여러 조직의 결합으로 된다. 우리의 몸이 조직결합이듯이 세상은 다 조직결합이다.

여기서 문제는 조직결합이 안 되는 사람이다. 조직결합이 안 되는 사람은 그야말로 낙오자이다. 직장으로 보면 그 기업에 조직원이 되어야 한다. 그리고 그 조직원들과 결합이 되어서 생산성을 내는 것이다.

우리 시대의 심각한 문제가 바로 이런 것이다. 개인주의가 만연되어서 조직결합이 안 되는 것이다. 정부도 마찬가지다. 조직에 결합이 안 되는 사람이 이탈을 해서 비리를 폭로한다. 이것은 조직의 와해이다. 어떤 조직에 들어간다는 것은 그 조직과 결합하는 것이다. 그런데 무슨 비리니 윤리문제를 가지고 문제 제기를 하고, 고발을 한다는 것은 기본이 안 된 사람이다.

만일 그런 문제가 자기에게 이익이 안 되면 사표 내고 나오면 되는 것이다. 사회조직이라는 것은 법이나 윤리가 아니기 때문이다. 미국의 경우이지만 트럼프 조직에 있으면 철저히 그 조직에 결합되어야 한다. 아니면 거기서 나오면 그만이다. 비리를 폭로하는 것은 다른 문제이다. 만일 윤리나 법 문제로 비리를 폭로한다면 부모도 비리, 배우자도 비리, 교회도 비리… 비리 없는 사람이 어디 있는가? 이 세상 어느 조직에도 들어갈 수가 없게 된다.

우리는 이 사회의 조직에 들어가서 순응하는 것이다. 그러므로 우리의 목적을 달성하게 된다. 가정도 조직이다. 그리고 부부, 즉 결혼도 조직이다. 상대와 결합되어서 조직력을 발휘하는 것이다. 이런 면에서 조직이 와해된 부부를 주위에서 흔하게 보게 된다. 결혼을 하였다는 것은 조직결합을 의미한다. 어떤 것도 문제가 되어서는 안 된다.

취직이나 직업도 조직에 들어가는 것이다. 그 조직에 철저히 결합되어서 순응하는 것이 훌륭한 사람이다. 이런 사람이 상을 받는다. 그리고 모든 조직은 선후배와 직급으로 이루어진다. 상명하달上命下達이다. 여기서 사실은 조직결합이 나오는 것이다. 만일 이런 것들이 안 되면 조직이 와해된다.

사람이 이런 조직생활에 결합하지 못한다면 그 사람은 조직에서 클 수가 없다. 다시 말하면 조직에서 성공은 불가능하다는 것이다. 이런 것들을 감내하면서 견디는 사람이 조직에서 훌륭한 사람으로 두각을 나타내게 된다.

이런 사회조직에서 적응하지 못한다면 내 인생은 위기이다. 혼자서 사업은 없다. 거기에도 거래가 있다. 따라서 고객이 생긴다. 이 사람들의 횡포는 막무가내이다. 이런 사람들은 한 번에 끝이다. 두 번이 없다. 그래서 개인사업자가 실패하고 망하는 확률이 높은 것이다.

내가 인생을 산다는 것은 사회조직에 들어가는 것을 의미한다. 개인사업도 사회조직이다. 충성하는 것이다. 이 충성도가 쌓여서 결과를 내는 것이다.

우리는 사회조직에서 자신의 능력을 확실하게 보여주어야 한다. 그것이 바로 조직에 결합되어서 충성하는 것이다. 충성만이 조직에서 승리한다.

동물의 세계에서 보이는 아름다운 모습은 조직에 적응하는 동물의 질서 때문이다. 만일 불복하면 그 동물은 죽는다. 그러므로 살기 위하여 꼬리를 내린다. 등을 보이는 것이다. 그런 점에서 동물이지만 위대하다.

마찬가지로 사람의 위대함도 그런 것이다. 목적을 위하여 고통을 감내하면서 조직과 결합하는 것이다. 나는 조직에 결합할 줄을 아는 사람을 가장 존경한다. 이런 사람은 어디에서든지 승리하기 때문이다.

우리가 사회에서 무슨 일을 한다는 것도 마찬가지다. 남들과 결합을 잘하는 것이다. 내가 일을 잘한다, 나는 실력과 능력이 있다고 생각하는 것에 대해 한 번 생각해 보자. 여기서 말하는 실력과 능력은 무엇인가? 조직에서 원하는 일이다. 조직이 필요로 하는 일이다. 조직에 성과를 내는 것이다.

이것은 내 능력과는 다른 문제이다. 그들이 원하는 능력은 다른 것일 수가 있다. 그들을 돕는 능력, 그 조직을 살리는 능력, 그들과 잘 결합하는 능력일 가능성이 높다. 다시 말하면 그들에게 잘 맞추어 주는 것이다. 그 조직에 잘 결합되는 것을 말한다.

우리는 회사가 원하는 사람이 되어야 한다는 사실이다. 조직에 기여하여 그 조직을 극대화하는 사람이 우수한 사람이다. 흔히 사람들을 보면 조직을 이용하여 자기의 이익을 추구하는 사람이 많다. 그리고 조직의 일을 하면서 사익私益을 만드는 사람도 보게 된다. 그렇게 살아서 성공하는 사람이 많은 것도 사실이다. 그러나 그런 방법은 잔머리이며, 잔꾀이다. 이런 식으로 성장한 사람들은 결과가 나쁘다는 것이다.

사람은 존경을 받으면서 크는 것이 좋다. 손해도 보면서, 희생도 감수하는 그런 사람에게 큰 은혜가 임하는 세상이다. 여기서 말하는 은혜는 희생하는 사람에게 오는 기회를 말한다. 그 조직,

즉 회사를 위하여 희생하는 사람에게는 언젠가 큰 기회가 주어지는 것이 인지상정이다. 이런 면에서 이 세상을 보면 절대 공짜는 없다. 성공하는 사람에게는 기회이지 우연은 없다는 것이다. 사람은 희생하는 사람을 잊지 않는다. 아무리 나쁜 사람이라도 자기를 위해 희생하는 사람에게는 보답한다.

이 세상 역사의 비극은 배신이다. 인간 역사의 악순환이 외면이다. 그럼에도 불구하고 인간 세상은 건재하다. 견고히 흘러가는 것을 보게 된다. 원인은 희생하는 사람이 많기 때문이다.

모든 사람이 나쁜 사람은 아니다. 좋은 사람이 많은 세상이다. 온갖 어려움 속에서도 가정을 지키는 어머니가 있듯이 사회나 기업, 조직에는 여전히 희생하는 사람들이 많다는 사실에서 역사는 희망으로 가는 것이다. 인간의 분명한 희망은 희생이다. 악한 세상, 추한 인간사회에서 확실하게 보장하는 부류는 희생하는 사람이다.

인간 문제, 세상 문제, 사회 문제는 내가 푸는 것이다. 우리가 가진 경제 문제도 내가 풀어야 한다. 우리는 특히 물질 문제, 가난의 문제를 풀고 가야 한다. 이 문제를 후대에게, 또는 후손들에게 물려주는 것은 끔찍한 일이다. 돈 문제를 푸는 키master key가 나에게 있다는 사실이다. 희생이다.

15

기쁨을 가진 사람

사람은 기쁨을 가진 존재이다. 일반적으로 기쁨은 어떤 만족감에 의해 느끼는 즐겁고 흥겨운 감정이다. 심리학에서의 기쁨은 긍정적인 피드백 메커니즘으로 기술된다. 이것은 낙樂이라고도 한다.

이 기쁨은 우리 안에서 나타나는 흥분 반응이다. 이 부분에서 나는 은혜의 반응을 말하고 싶다. 사람의 우수성은 정신과 이성에서부터 은혜를 깨닫는다는 것이다. 이것이 근본을 아는 인문, 즉 철학이다.

사람의 기쁨은 자기 자신을 아는 은혜의 반응이다. 내가 어떤 사람인가를 아는 이성에서 오는 기쁨이 크다는 말이다. 자기됨을 모르는 기쁨은 인스턴트instant이다. 여기서 오는 기쁨이 겉 기쁨, 순간순간 느끼는 기쁨이다. 얕은 기쁨, 낮은 기쁨이다.

하지만 이런 식의 인스턴트 기쁨에 사람들은 날마다 매료되어서 산다. 술 기쁨, 성 기쁨, 오락이나 여행, 그리고 여러 외부적인 요인의 기쁨이 시중에 나타나는 큰 기쁨이다.

물론 이런 기쁨도 필요하다. 문제는 이런 기쁨은 일시적이라는 것이다. 오래 가지 아니하므로 반복적으로 해야 하는 단점을 가지고 있다. 이런 종류의 기쁨을 가지고 사는 사람들은 오늘도 또 그 기쁨을 찾아야 한다. 또 하고, 또 먹고, 또 찾아야 한다. 그렇지 아니하면 자기 자신이 유지가 안 되는 것이다. 여기에 함정이 있다. 심각한 중독이다.

중독이란 무엇인가? 어떤 것을 계속 반복하는 것이다. 지금 현대인들이 이런 딜레마에 빠져서 산다고 해도 무리한 말이 아니다. 이런 현상이 컴퓨터, 스마트폰, 게임, 오락 등에 나타나는 중독현상이다. 참 무서운 이야기다.

사람이 자체적인 기쁨 없이 외부적인 기쁨을 가지고 인생을 산다는 것은 불행한 일이다. 취한 기쁨, 중독 기쁨, 무엇을 해야 하는 기쁨은 우리 인생을 허겁지겁 조급하게 만드는 것이다. 이런 사람은 날마다 불안하다. 여기저기에 기웃거린다. 날마다 헤맨다는 것이다. 이런 모습이 우리 가족, 우리 아이들이라는 사실에 가슴 아프다.

정말 우리 인생을 언제나 안정시키는 영원한 기쁨이 있다는 것인가? 그렇다. 있다! 그것이 은혜를 깨닫는 기쁨이다. 나를 사랑해 주시고 오직 나만을 바라보면서 행복해 하시는 부모님의 은혜가 있다. 이 기쁨은 영원한 것이다. 언제 보아도 감사한 내 아이들이 있다. 그리고 나를 사랑하고 함께하는 배우자가 있다는 사실은 우리가 이 세상 어떤 역경도 이길 수 있는 따뜻한 사랑의 기쁨이다.

여기서 인간은 행복하다. 이 행복과 기쁨은 광야에서도 안전한 의지이다. 이 기쁨은 인간에게 어떤 실패도 딛고 일어나게 하고, 어떤 비극도 이기게 하는 것이다.

문제는 이런 영원한 기쁨을 가지고 살면서도 기억을 못한다는 것이다. 기억 마비, 또는 기억이 흐리다는 것이다. 우리 인생에서 중요한 본질을 비非본질에 빼앗긴 것이다.

지금 사람들의 상태를 보면 비본질의 기쁨, 비본질의 성공, 비본질의 행복을 추구하는 것이다. 세속주의 세상, 자본주의 사회에 빠져서 비본질이 중요한 기준이 되는 세상이 되고 말았다. 물질은 본질이 아닌 것이다. 세상에서 내가 성공하는 것도 본질이 아니다. 이런 것들은 우리 인생의 수단이면서 결과물이다.

이런 좋은 것들을 많이 가지고 산다는 것은 능력이다. 고급 인생을 산다는 것이다. 이왕이면 우리 인생을 화려하고 부요하게 사는 것이 좋다고 본다. 자랑스럽기까지 하다. 그렇다고 해서 이런 부분들이 인생 성공은 아니라는 말이다. 보기가 좋은 것일 뿐이다.

이런 보이는 부분은 일부분이다. 이면에 있는 보이지 않는 부분이 더 크다는 사실이다. 보이는 것보다 보이지 아니하는 이면이 사실은 본질일 가능성이 높다.

내가 '가진 것'보다 내게 '있는 것'이 본질이다. 여기서 말하는 가진 것은 내 것이 아니다. 언젠가는 떠나가는 것들이다. 사람들은 이 부분에서 허무주의자가 된다. 그리고 허탈하다. 그러나 내게 있는 것은 영원한 것이다. 이것을 인지하는 이성적 능력이 필요하다는 사실이다.

이 험한 세상을 나와 동행하는 아내가 있다면 얼마든지 행복하게 살 수 있다는 믿음이다. 그리고 나와 함께하는 자녀들을 생각하면 우리는 광야 인생도 얼마든지 견딜 수 있는 것이다.

이제 우리는 세상을 자기自己 기쁨에서 살아야 한다. 어떤 외부적 기쁨이나 물질적 기쁨에는 불안 요인이 많다. 그리고 사람을 허하게 만든다.

그러면 자기 기쁨, 내 기쁨은 무엇인가? 자기 몸 기쁨이다. 얼굴 기쁨은 위험하다. 비주얼 시대가 되어서 가장 크게 부각되는 부분이 얼굴이기는 하다. 그런데 얼굴에 나타나는 연륜과 늙음의 그늘은 피할 수가 없다. 이것은 열매와 깊은 맛으로 가는 어쩔 수 없는 과정이다. 자연스럽게 순응하고 자유하는 것이 좋다. 아니면 스스로 비참하게 무너지게 된다.

이렇게 인생의 기쁨은 내 존재의 기쁨이다. 모든 것은 존재에서 성립이 된다. 비존재에는 어떤 것도 성립되지 않는다. 이렇게 중요한 존재가 우리에게는 큰 은혜인 것이다. 이런 귀한 존재감을 분명하게 보여주면서 사는 사람이 정말 아름다운 사람이다.

여기서 '비非존재'보다 더 무서운 것이 '무無존재'이다. 있으나마나한 사람이다. 우리 시대는 능력사회가 되어서 무능력한 사람은 무존재가 되어 버리는 경향이 있다. 여기서 나오는 것이 저출산, 인구 감소 문제이다. 능력 위주의 사회가 낳은 병폐가 재앙을 가져오고 있다.

정말 인간의 존재감이 능력일까? 아니다. 그것은 한심하고 어리석은 사고이다. 그러면 무엇인가? 존재라는 사실이다. 자본주의 역사가 이제부터라도 깨달을 것이 있다면 바로 사람 존재이다. 이 부분에서 21세기는 새로운 위기 재앙을 예고하는 것이다. 이것은 세계적인 현상이다. 사람이 존재하지 않는 사회, 사람 존재가 충족되지 않는 물질세계는 종말이다.

생각해 보라. 물질 문제는 고통이다. 기술능력 문제는 과학이 대체한다. 사람 없이도 얼마든지 기술로 대신할 수 있다. 문제는 사람이다. 사람이 부족한 세상, 사람이 없는 사회는 멸망이라는 사실이다.

이처럼 인간은 존재 자체만으로도 귀하다는 것이다. 남편이 없이 엄마만 있는 사회, 아내가 없이 아버지만 있는 세상을 생각해 보라. 사람이 모자라는 사회는 그대로 붕괴이다. 우리나라에서 필요한 인구가 7천만 명이라는 것이다. 그런데 4천만 명으로 가는 상황이다. 이렇게 되면 국가 경쟁력에서 약소국가가 된다. 어떤 경쟁력도 없는 나라가 되는 것이다.

그럼에도 지금 우리 사회가 능력 위주로 간다는 것은 미래 역사를 망치는 것이다. 앞으로 국가 경쟁력에서 우수한 국가들이 인구 대국인 중국, 인도, 베트남, 인도네시아이다. 이들 국가들은 소망이 있다. 그것은 사람 존재 때문이다.

우리는 여전히 직업 존재감, 일 존재감이 크다. 하지만 엘리트, 고급 인력이라는 일과 직업과 능력을 중요시하는 것은 낡은 의식이다. 세상 가치는 사람이다. 사회의 가치는 사람이다. 따라서 진정한 가치는 사람의 존재라는 것을 지금이라도 재인식하는 것이 중요하다.

늦었지만 지금부터라도 새로운 의식의 기쁨을 발견해야 한다.

사람이 기쁨이라는 사실이다. 우리가 가는 미래 역사에는 분명히 사람 자체가 가치가 되는 세상이다. 존재의 기쁨을 누리기를 바란다.

16

심는 사람

우리가 세상을 산다는 의미에서 현실적으로 가장
민감한 부분이 경제이다. 경제적 능력을 가지는 것이다. 물론 이
부분에서 부모의 유산도 있을 수는 있지만, 그것은 생각하지 말
기를 바란다. 내가 수익을 내는 것이 중요하다. 불로소득으로 잘
사는 것은 바람직하지 않다. 내 노동력에 따라서 얻어지는 수입
이 건전한 것이면서 옳은 것이다.

우리는 이 세상을 살아가면서 경제적 독립을 권장한다. 부모
로부터 주어지는 유산도 필요하기는 하지만, 거기에는 자유가 없
게 되는 문제가 있다. 경제적 자유가 내 인생에서 대단히 중요하

다. 그것이 우리의 능력이기 때문이다.

어떤 기구를 타고 여행하는 것보다 내 발로 걸어서 세상을 보는 느낌은 아주 다른 것이다. 누가 사주는 자동차를 타는 것보다 자기가 노동력을 발휘하여 나온 수익으로 차를 타는 의미에서 그 맛은 크게 달라진다는 것이다.

사람이 인생을 산다는 것은 수익을 낸다는 것이다. 이런 모토 motto를 가지고 사는 자세가 좋다. 우리 시대의 고민이 경제적 독립이다. 일단 사람은 대학 졸업 이후에는 집을 나오는 경제 독립을 하는 것이 바람직하다고 본다. 하지만 그것은 상당히 민감한 부분으로 부모와 자식 간에도 각각의 입장에 따라 생각의 차이가 크다. 이때 오는 갈등은 견디기가 매우 어려운 부분이 있다.

여기서 과감하게 사회로 나가는 독립이 있을 때 사람은 발전하게 된다는 사실이다. 이런 면에서 내가 강력하게 주장하고 싶은 것이 부모에게 눌림을 피하라는 것이다. 이것이 길면 길수록 사람이 나태해진다. 그리고 세상을 사는 재미가 없어진다. 매사가 눈치작전이며 하루하루의 생활이 피곤해진다.

인간의 행복은 내 능력으로 살 때이다. 그리고 내 가족, 내 가정은 무조건 독립해야 한다는 것이다. 내 사랑하는 아내가 우리 부모에게 굽실거리면서 사는 것을 차단해야 한다. 나아가 나의 사랑하는 남편이 처갓집 눈치보고 사는 것을 막아주어야 한다.

이것은 아무리 성공을 하고 부요하게 살아도 불행한 일이다.

그러면 왜 그렇게 굽실거리며 눈치를 보는가? 의지하기 때문이거나, 아니면 도움을 받기 때문일 것이다. 과감하게 경제 독립하기를 추천한다. 부모를 떠나서 어렵지만 부부가 함께 일을 한다면 거기에서 오는 기쁨과 자유는 경험해본 사람만이 아는 것이다. 그리고 마음이 편하면서 자유하게 된다.

생각해 보라. 눈칫밥을 먹는다면 맛도 없고 재미도 없다. 나물 반찬뿐일지라도 내 능력만큼 먹는 밥이 영양가 있다. 정성을 듬뿍 담아 차린 밥상이기에 더 행복하다. 그리고 서로에 대한 신뢰와 존경심이 쌓이는 것을 보게 된다. 이것이 멋진 인생이다.

덧붙여 말씀드리고 싶은 것은 이렇게 내 능력으로 사는 사람은 가난해도 부끄럽지 않다는 것이다. 다시 말하면 떳떳하다는 사실이다. 이런 인생이 아름다움이다.

우리 주변을 살펴보면 좋은 집에서 사는데 행복감이 없다. 고급 자동차를 타고 살면서도 행복이 보이지 않는 사람들이 흔하다. 그 이유가 어디에 있다고 생각하는가? 떳떳하지 않아서이다.

인간은 떳떳할 때 행복하다. 가난한데도 당당한 사람을 한 번 보라. 어려운 환경을 살면서도 당당한 사람, 이런 사람이 행복한 인생을 사는 사람이다. 반면에 떳떳하지 못한 사람, 당당하지 못한 사람들을 우리는 경계해야 한다. 이런 사람들이 폭발하고 극단적인 행동을 할 가능성이 높다는 것이다.

우리가 건강한 인생, 다시 말해 가난하지만 행복한 사람으로 산다는 것은 부끄러움이 없는 것이다. 그것은 죄도 아니고, 문제도 없다. 그리고 나쁜 것도 아니다. 그런데도 사람들이 위축되어서 산다. 내 생활이 떳떳하지 못하기 때문이다. 우리 시대가 특히 이런 딜레마가 강하다.

우리는 어떤 사람들이 행복하게 사는지를 알아야 한다. 내가 볼 때는 '노동자'가 행복하다. 그리고 '농부'가 행복하다. 이들은 날마다 심어서 거두어 먹는 사람들이다. 노동자는 땀으로 심는다. 그리고 농부는 땅에다 심는다. 이들의 행복은 자기 것을 먹는다는 것이다. 자기 몸으로 번 것으로 사는 사람들이다.

현대인들은 이 두 부류의 사람들에게 부러운 것이 있다. 맛과 잠이다. 음식이 맛있다. 그리고 잠이 달다. 하지만 성공하는 사람들, 부요한 사람들, 여유로운 사람들의 괴로움이 잠을 이루지 못하고 두려운 밤이다. 이런 사람에게는 행복이 없다.

사람의 일차적인 행복은 먹는 것이다. 인생을 자기 몸으로 사는 사람들의 공통점은 음식이 맛있다는 것이다. 그들이 기다리는 것은 점심이다. 밥을 기다린다. 그런데 대부분의 현대인들은 밥을 미룬다. 그리고 음식을 살기 위하여 의무로 먹는다. 정말 이것은 지겨운 일이다. 인간은 몸으로 사는 사람이 행복하다. 심은 것을 거두어들이며 사는 인생이 근본이다. 심는 정신이 가장 건전하다. 그런 면에서 우리는 사람에게 심는 인생을 살아야 한다.

이 세상에 공짜가 있을까? 나는 없다고 본다. 이 세상의 모든 것은 누군가가 심은 것이다. 그리고 노력의 결과물이다. 내가 유럽 여행을 하면서 본 것은 조상들이 심은 것이 전통이 되어서 오늘을 사는 사람들이 먹고 사는 것을 보았다. 조상과 부모들이 심은 기독교 신앙의 유산들이 우리 시대의 문화예술이 되어서 유럽 국가들이 잘 살고 있는 것이다.

우리 주변에 성공한 사람들의 이면에는 부모들이 희생적으로 심어놓은 것들이 자녀들에게 열매가 되어서 거둔 성공인 것을 보게 된다. 우리는 심어야 한다. 미래 역사를 위하여 국가에 심어야 한다. 그리고 후대를 위하여, 자녀들의 미래를 위하여 심어야 한다. 심은 것은 때가 되면 누군가는 반드시 거둔다는 믿음이다.

마찬가지로 실패한 국가, 실패한 사람들의 이면에는 조상들과 부모의 책임이 있다는 사실이다. 그렇다고 지금 이 자리에서 우리들의 선조를 원망할 생각은 추호도 없다. 문제를 제기할 뿐이다. 그것은 심은 것이 없는 부모들로 인하여 자녀들이 가난하고 실패자로 어렵게 산다는 사실이다. 이것이 지금 아프리카나 동남아 국가들의 비참한 현실이다. 심은 것이 없어서 이 좋은 세상에서 비극적으로 빈곤에 처한 사람들이 얼마나 많은지 안타까울 뿐이다.

우리는 열매를 따려고 하지 말고, 씨를 심는 일을 해야 한다. 우리의 미래는 심은 것을 반드시 거두기 때문이다. 나아가 우리가 심어야 할 또 다른 의미의 이유가 있다. 그것은 미래에 우리의 자녀들이 거둔다는 것이다.

우리는 내 인생을 넘어서서, 미래 역사와 후대들을 위하여 심어야 한다. 우리나라 역사에는 부모님들의 무수한 희생과 헌신이 있었다. 그 분들은 민주화를 위하여 눈물을 심었다. 그리고 배고픔과 가난에서 희생의 땀을 심었다. 이처럼 선조들의 피와 땀과 눈물을 심은 결과를 지금 우리가 누리고 있다는 사실을 알아야 한다.

이제 우리나라는 세계 10대 경제대국으로 도약했다. 미국의 경제 파트너가 한국이다. 중국과 일본이 대한민국을 예의주시하고 있다. 그리고 한국은 OECD 국가이다. 자유를 만끽하고, 부요를 누리는 것이다. 이것은 우연이 아니라 누군가가 심은 결과이다.

사회에서 가장 건전한 부류는 심는 사람이다. 인생을 심고, 돈을 심자! 그것을 몸으로 심기를 바란다.

17 부드러운 매너

     모든 사람은 크고 작은 상처가 있다. 가문의 상처, 부모로 인한 상처, 성장 과정에서의 상처… 등을 가지고 있다. 가끔은 이런 상처가 우리를 무겁게 짓누른다. 어른들을 보면 이런 상처에 눌려 평생을 무겁게 사시는 분들이 있다.

     그런데 문제는 이 상처는 상처로 끝나지 아니하고 사람을 비뚤어지게 만든다는 것이다. 특히 인간관계에서 부정적인 사람이 되게 한다. 모든 사람을 좋게 보지 않는다. 즉 삐딱하게 보는 것이다.

     더 심각한 것은 그것이 여기서 끝나지 아니하고 한 번 더 진화

한다는 사실이다. 즉 자녀들이 이어받는다는 것이다. 부모 세대에서 일어난 일들을 가지고 젊은 세대들이 악감정을 품는다. 그래서 사촌 관계, 친인척 관계가 멀어진다. 이것은 큰 손실이다.

사회생활에서의 장점이 뭉치는 것이다. 가족들이 뭉치고, 친인척들이 공동체를 이루어서 기업이 된다. 여기서 길이 열리고 동기가 부여되면서, 때로는 밀어주고 키워주면서 사회적 발판이 되는 것이다.

어느 사회이든지 구성을 보면 연결망이다. 이웃 관계, 동창 관계, 친구나 친인척 관계로 구성되어진다. 다시 말하면 라인을 형성한다는 것이다. 성공한 사람들과 자기 길을 분명하게 가는 사람들이 하는 말을 들어보면 결정적인 순간에 어떤 사람과의 만남이 있었다는 것이다. 그때 누구를 만남으로 인하여 운명이 결정되었다는 말을 한다.

마찬가지로 우리가 사람을 만난다는 것은 사회생활에서 결정적인 역할을 하는 것이다. 모든 일은 만남에서 이루어진다. 만남을 차단하고 사는 사람은 사회적 고립을 면하기 어렵다. 사회생활에서 결정적인 중요한 역할을 하는 것은 돈이 아니다. 사람이다. 사람이 한다. 일을 무엇이 하는가? 사람이 한다. 사람으로 인하여 이런저런 일들이 벌어지는 것이다.

그런데 사람들은 돈이 일을 한다고 생각한다. 위험한 생각이다. 일례로, 어떤 유력한 후보자가 권력을 잡았다고 하자. 그가 권력을 잡는데 있어 결정적인 역할은 돈이 했다고 생각하기 쉽다. 사실 모든 과정에서 필요한 것이 돈인 것은 맞다. 그런데 이것은 위험하다는 것이다. 그러면 무엇인가? 사람이다. 사람을 만나고, 사람을 얻고, 사람의 지지를 받아서이다. 결국 사람 역할이다.

돈으로 사업을 한다는 생각도 위험하다. 사람을 만나서 시작해야 한다. 물론 이때 나 자신이 중심이 돼야 한다. 좋은 사람, 좋은 파트너, 훌륭한 동료, 능력 있는 사람은 다음이다. 먼저는 자신이다. 내가 준비된 사람이 되어야 한다는 사실이다.

우리 주변에는 훌륭한 사람, 능력 있는 사람, 좋은 동료들과 사업을 했는데도 실패한 사례가 많다. 이유는 두 가지로 보인다. 하나는 돈으로 하면 된다는 무모함이고, 그 다음은 자기가 준비되지 아니함일 것이다.

사람들은 이렇게 자기 준비 없이 외부적인 요건만 가지고 어떤 일을 시작한다. 이것은 무모함이다. 또 다른 경우는 사람이 아니고 돈이 일하는 사업이다. 불안하다. 이것이 우리 시대의 현상이다. 돈이나 능력, 그리고 기술이 부족해도 자기 준비는 철저히 해야 한다. 중요한 것은 결국 자기 자신이다.

무엇을 준비하라는 말인가? 사람이다. 자기 자신의 준비다. 어려움을 감당하는 것은 내 자신이다. 어떤 위기를 피해가는 능력 역시 내 자신이다. 나머지는 도와주는 사람이다. 어려움을 감당할 수 있는 나, 위기를 회피하고 극복해 나갈 수 있는 준비는 내 자신이다.

사람은 어떤 일이나 사업을 할 때 집중하느라고 안하무인眼下無人이 되는 경우가 많다. 이런 경우 실패하면 막다른 길이다. 가족 무시, 친구동료 무시, 모임, 교제, 인사 등을 다 끊고 자기 일에만 매진하면 반드시 후회하게 된다. 이것은 예의가 아니다. 밉보이는 것이다.

열심히 사는 것은 좋다. 그러나 주변 사람을 살피는 것은 더 중요하다는 것이다. 심지어는 애경사도 외면한다, 그리고 최소한의 예의적 의무도 저버린다. 이렇게 되면 주변 사람들이 "그래, 네가 성공 하나 보자" 하는 마음이 되어 구경꾼이 된다.

우리는 이런 인생을 살아서는 안 된다. 가야 할 곳은 가고, 찾을 곳은 찾고, 챙겨야 할 일은 챙기면서 사회생활을 함으로써 그 이후를 대비하는 것이다. 사람들에게 인색하고, 주변 사람들에게 밉보이면서 할 일은 없다.

우리가 사회생활에서 중요한 것이 매너이다. 실패의 문제는 매너에 있다. 매너가 좋은 사람은 실패해도 주변 사람들이 동정을 한다. 이 사람, 저 친구가 도와주는 것이다. 매너가 있는 사람이 어려움을 당하면 이웃이 그냥 있지 않는다는 사실이다.

얼마 전, 나는 을지로에서 42년째 공장을 하는 친구 하나가 그 지역이 개발되는 바람에 문을 닫는다는 이야기를 들었다. 친구들이 이구동성으로 "그 친구는 예의가 바른 사람이야! 우리가 도와야 한다"는 의견이었다. 이 말을 들었는데, 제 마음이 흥분이 되었다. 그래 도와주어야지!

　세상은 미세먼지로 혼탁하다. 사회는 경제적 어려움으로 탄식한다. 그래도 얼마든지 살 수 있다. 언제나 세상은 기회가 있다. 이유는 우리 주변에 좋은 사람들이 많기 때문이다. 여러분들도 매너 있는 사람이 되기를 바란다. 그리하면 어떤 어려움도 극복하면서 또 다른 새로운 인생을 살 수 있다는 것이다.

　내가 추천하는 매너는 부드러움이다. 부드러움의 반대는 딱딱하다는 것이다. 다시 말하면 굳어 있는 사람이다. 사고의 유연성이나 의식의 변화가 없이 고집하고 주장하는 사람은 안 된다. 이것은 결과적으로 모든 인간관계를 차단하는 것이다.

　우리가 흔하게 듣는 말이 소통이 중요하다는 것이다. 내 의견을 주장하기 전에 상대의 의견을 존중하는 태도가 좋은 매너이다. 내 생각은 그렇지 아니해도 시대의 변화에 따라 다양한 의견이 있다는 사실을 인정하고 수용하는 태도가 좋은 매너이다. 자기 생각만 내세우고 주장하면서 상대의 의견을 무시하는 태도는 사회와 단절이다. 아주 위험한 것이다.

우리는 이렇게 빠르게 변화해 가는 사회에서 단언하거나 단정하면 안 된다. 이유는 변하기 때문이며, 새로운 것이 도래하기 때문이다. 나는 그렇게 안 한다든지, 나는 이렇게만 한다고 너무 고집을 부리면 상대와의 관계가 단절된다.

비즈니스 매너가 우리에게 필요하다. 이것은 고객이나 상대에게 맞추어 주는 고급 매너이다. 언제나 상대의 말에 "예스"이다. 어떤 말을 해도 들어주는 것이다. 호텔이나 백화점, 대기업의 고객 상담센터를 한 번 가보라. 내가 하는 말을 정중하고 철저하게 들어준다. 그들은 이러저러한 이유가 없다. "네, 그렇게 하겠습니다"이다.

우리는 어떤 사람과도 말로 부딪치지 말아야 한다. 어린아이의 말도 일단 들어주어야 한다. 특히 상대가 내게 상의하고 도움을 구하려 하는 말은 절대 무시하면 안 된다. 그러기 위해서는 사고의 부드러움이 필요하다. 누구와도 대화가 되는 사람이어야 성공한다.

이웃에 공장을 하는 아버지 한 분이 일하는 사람을 구할 수 없어 더 이상 공장을 돌리지 못하겠다고 내게 어려움을 호소해왔다. 그에게는 장성한 두 아들이 있다. 나는 먼저 그 아들들한테 공장에 나와 어려운 아버지를 도와줄 수 있는지를 상의해 보라고 조언해주었다. 이내 아버지의 표정이 흐려지더니, 그렇지 않아도 두 아들과 상의를 하였는데 거절한다는 말씀이다.

뭔가 사연이 있을 것 같아 내가 아들들에게 전화를 했더니, 우리 아버지는 누구의 말도 듣지 않는 완고한 사람이라는 것이다. 이유는 분명했다. 바로 아버지 자신에게 문제가 있었던 것이다.

부드러운 말씨, 상대의 말을 들어주고 존중하는 태도가 우리를 성공으로 이끈다는 사실이다. 언어의 부드러움이 좋다. 여기서 인생 성공이 나오기 때문이다. 부드러운 언어, 따뜻한 말씨는 사람들을 움직이는 능력이 된다.

부드러운 인상을 가져라. 모든 사람이 결정은 눈으로 한다. 물건을 구매할 때 결정하는 역할을 눈이 한다. 눈에 띄는 것과 첫눈에 드는 것을 피해가지 못한다. 사람을 볼 때 첫눈은 첫인상이다. 따뜻한 표정과 부드러운 인상에 사람은 마음이 열리는 것이다.

거기에다 부드러운 언어가 곁들여진다면 금상첨화다!

18

부
지
런
하
라

사회성으로 보면 부지런한 사람에게는 기회가 주어진다. 반면에 게으른 사람에게는 애정이 없다는 것이다. 이 프레임에 걸리면 그 사람은 안 된다. 치명적이다. 이유는 어느 누구도 동정을 하지 않기 때문이다.

사람은 다른 사람들에게 인정을 받아야 한다. 여기서 기회가 발생한다. 우리가 사람들에게 윤리적인 면이나 인성적인 부분에서 인정받아야 하지만, 그보다 더 중요한 것이 부지런함이다. 특히 한국 사람은 부지런한 사람을 예찬한다.

여기서 우리가 알아야 할 것은 성공한 사람이나 사회에서 출세한 사람들의 공통점이 부지런하다는 것이다. 이런 사람들을 분석해 보면 물론 악한 사람, 거짓된 사람, 나쁜 사람들도 많이 있다. 그런데 여기에 없는 부류가 게으른 사람이라는 사실이다. 게으른 사람이 성공했다는 이야기는 들어본 적이 없다. 이것은 게으른 사람에게는 동정을 하지 않는다는 것이다. 모든 사람들의 심리를 보면 부지런한 사람에게 동정을 한다.

동정이 중요하다. 사회적으로 잘 풀린 사람, 높은 자리에 오른 사람, 또는 여러 분야에서 성공한 사람들의 면면을 살펴보면 결정적인 것은 누구로부터 동정을 받았다는 사실이다.

그러면 부지런한 사람은 누구인가? 자기에게 주어진 일에 열정을 가진 사람이다. 자기가 하는 일과 자기에게 맡겨진 일에 대한 열정 말이다. 맛있는 밥은 열로 지어진다. 모든 물건이 열로 만들어진다. 자동차도 열에 의하여 움직인다. 다시 말하면 에너지인 기름, 사회를 움직이는 동력이 전기다. 다 불을 내는 것이다. 전기가 부족하면 사회는 그대로 마비가 된다.

기름이 없이는 사회의 기능, 즉 동력을 잃게 되는 것이다. 그러므로 정부에서 철저하게 관리하는 것이 이런 기름과 전기이다. 생산성이 떨어지는 국가들, 산업화가 부진한 국가들은 하나같이 이런 에너지가 부족한 나라들이다.

사람도 마찬가지로 체온이 37°C에서 원활한 기능을 유지하는 것이다. 몸을 제대로 관리하지 못해 적정 체온을 벗어나면 몸에 이상 증세가 나타나 고통을 겪는다. 평소 몸의 균형과 건강을 잘 유지해야 한다.

인간은 사회성을 가지고 사는 것이다. 여기서 중요한 것이 열성, 즉 열정이다. 이 사회에서 어떤 목적을 이루는 에너지가 열정이다. 돈에 열정이 있어야 한다. 지식에 필요한 사회적 에너지가 열정이다. 흔히 기술에서 사회적 성공이 나오는 것으로 생각하지만, 그게 아니다. 그 기술을 극대화시켜 주는 것이 열정이다.

이렇게 보면 사회에서 열정이 없이는 어떤 일도 할 수가 없다는 것이다. 이 세상에서 성공과 실패를 나누면 열정을 가진 사람과 열정이 없는 사람으로 나뉜다. 즉 열정을 가진 사람은 성공, 열정이 없는 사람은 실패이다.

이 부분을 우리는 사회생활에서 간과해서는 안 된다. 열정 없는 사업, 열정 없는 공부, 열정이 부족한 사랑은 성공을 기대하기가 어렵다는 사실이다. 정치인의 성공을 보라. 열정 순으로 성공이다. 보통 사람들은 한두 번 해서 안 되면 포기한다. 그런데 열정을 가진 사람들은 끊임없이 도전한다. 도전은 곧 열정이다.

마찬가지로 열정이 없는 지식, 열정이 없는 열심, 열정이 없는 사랑, 열정이 없는 신앙 등이 얼마나 가겠는가? 불안하다. 끝까지 가는 것은 열정이다. 열정만이 마침표에 이른다는 것이다.

나는 이런 면에서 인생이나 사회, 그리고 경제를 논하고 싶다. 이런 중요한 것들을 가능하게 하는 것은 열정뿐이라는 말이다. 이런 열정이 없이는 인생 전쟁, 사회 경쟁, 치열한 경제 게임에서 감당하지 못한다. 열정이 아니면 이길 수가 없다. 버티는 힘, 견디는 능력을 우리는 키워야 한다.

무엇이 버티게 하는 능력인가? 어떤 것이 견디게 하는 것일까? 충만이다. 사회생활에서 우리에게 중요한 것이 충만함, 즉 내적 충만이다. 산에 올라가면 좋은 공기로 인해 답답한 마음이나 가슴이 시원하게 뻥 뚫리는 느낌을 받을 것이다. 그리고 기분이 상쾌하게 된다. 충만함이란 바로 이런 것이다. 마음의 힘이라고도 말할 수 있다.

사람이 신앙을 가지고 예배와 기도생활을 하면 이런 충만함이 임하게 된다. 그것은 우리가 어떤 외부적인 충격을 흡수하는 능력이다. 흔히 사람들은 다른 사람이 하는 말이나 정치, 그리고 어떤 정보에 마음이 흔들린다. 자기 주관이 흔들리는 것이다. 내적 빈곤 상태로 볼 수 있다. 자기 주도적 정신이나 이성적 능력이 없을 때 다른 사람들의 말에 무너진다. 그리고 분위기에 꺾인다. 다시 말하면 자기 주도적인 세상을 살 수 있는 힘이 없는 것이다. 그들은 자기 진리가 없는 사람이다.

자기 철학이 없이 세상을 사는 사람은 무슨 일이 닥치면 버티는 힘과 견디는 능력이 없어 그릇된 결정을 하고 만다. 이런 일들이 세상 일, 인생 일들 가운데 비일비재하다. 여기서 결정적인 포기나 피곤에 지쳐서 중대한 실수로 이어진다. 실패의 나락으로 떨어지고 만다.

이때 우리에게 중요한 것이 충만함이다. 여기서 오는 열정이다. 아이들은 충만함이 넘친다. 그래서 울다가도 바로 웃는다. 나아가 어제 일은 없고, 금방 새롭게 하루를 시작한다. 이런 상태가 바로 젊음이다. 어제 있었던 일, 누구에게 들은 말, 사람의 시선에 아랑곳하지 않는다.

그런데 어른들은 지난 것들을 다 기억하고 잊지 못한다. 흘려보내지 못하니까 마음과 정신에 쌓여서 결국 고민 번민에 사로잡혀서 산다. 여기서 힘이 빠지는 것이다. 이 상태가 내적 빈곤이다.

어차피 세상은 전쟁이다. 싸우는 것이다. 지난 전쟁에서 벗어나 오늘 새로운 전투를 시작해야 한다. 여기서 발생하는 에너지가 열정, 즉 꾸준함이다. 주어진 의무와 맡겨진 책임을 수행하는 것이다. 괴로워도 하던 일을 꾸준히 하는 것이다. 눈물을 흘리면서도 주어진 길을 가는 것이다. 이런 성실함에서 모든 어려움을 이긴다는 사실이다.

열정이 어디에서 오는가? 내 자신에게서 온다. 외부적으로 찾지 말기를 바란다. 그것이 절제이다. 절제는 인간이 가진 강력한 경건이다. 고요함, 진지함이다. 자기를 살피면서 조용히 묵상하는 것이다. 그리고 자기에게서 답을 찾아내야 한다.

이때 다른 방법으로 문제를 해결하려고 하면 혼란에 빠진다. 술이나 오락, 향락은 문제를 더 키울 뿐이다. 진통제에 불과하다. 시를 읽고 음악이나 영화를 권하고 싶다. 그리고 할 수 있다면 기도하는 것이다.

모든 문제의 근원은 언제나 내 안에 있다는 것을 기억해야 한다. 그래서 나는 이 상황에서 여행이나 운동보다는 홀로 쉬는 시간이 좋다는 것이다. 사람의 몸이 가뿐해지면서 새로운 여유와 자유함이 생긴다. 내 몸의 피로를 충분히 풀어주는 것이다.

결국 사람의 용기와 자신감은 몸에서 온다는 사실이다. 내 몸 상태가 좋아지면 새로운 용기와 자신감이 나온다. 늘 몸을 깨끗하게 관리하고 아름답게 가꾸는 일을 쉬지 않기를 바란다. 몸에 투자하는 것이 지혜이다.

19

사
람
을 　소
　　중
　　히

　　세상의 위기는 사람을 경시하는 풍토에 기인한다.
갈수록 우리 사회가 삭막해지는 것을 보게 된다. 사람은 존재 그
자체로 중요하다. 하지만 현대는 존재적 의미에서 소유적 의미로
시대가 바뀌었다. 그 사람이 가진 것에 따라서 가치를 평가하는
것이다. 이 부분에서 사람의 존재가 하락하였다.

　　사람이 중요한 것은 존재이다. 아버지의 존재, 어머니의 존재
로 가치는 충분하다. 그런데 언제부터인가 '있는 것'에서 '가진 것'
으로 변화가 되었다. 가진 것이 없는 아버지와 어머니는 무시를
당하기 시작한 것이다. 이것이 세속의식이다.

한 발 더 나아가서 보면 존재가 '기능'에서 '능력'으로 변하였다. 여기서 부모의 존재감, 즉 남자의 존재감이 떨어지고 말았다. 그로 인해 나오는 사회현상이 비혼非婚 문제이다. 그리고 저출산으로 이어지고 있다.

사람의 존재는 기능이 우선이다. 여기서 역사가 이어지는 것이며, 사회가 구성된다. 나아가 가장家長의 존재를 능력으로 보면 가정 존립과 사회 존립에 있어 문제가 생긴다. 지금 우리 사회가 이런 식으로 가고 있다. 이것은 우리만의 문제를 넘어 세계적인 현상이다.

남자는 여자와 혼인으로 완성이 된다. 마찬가지로 여자는 남자와 결합으로 완전한 사람이 되는 것이다. 남자가 없는 여자, 여자가 없는 남자는 사회적 의무를 다할 수 없는 불구 아닌 불구자가 된다.

우리는 동물의 세계를 잘 알고 있다. 모든 생물은 혼자 사는 법이 없다. 둘이 하나를 이루어서 세계를 형성한다. 여기서 조화를 이루고, 존재적 의미를 나타낸다. 그런데 만물의 영장이라는 인간은 점점 비혼으로 가는데 이것은 정말 무식한 것이다. 부부여야 한다.

그러면서 여기서 나타나는 또 하나의 현실이 반려견이다. 이 것은 이해는 되지만 말이 안 되는 것이다. 어떻게 개가 반려가 될 수 있단 말인가? 이것은 인간의 어리석은 오만이다. 이것보다는 사람을 입양하는 것이 좋다. 사람은 사람하고 사는 것이다.

나는 혼자서는 거의 음식을 먹지 않는 버릇이 있다. 혼자서는 여행도 가지 않는다. 이유는 사람하고 노는 것이 재미가 있다는 것이다. 사람과 먹고, 사람하고 일하는 것, 사람하고 세상을 사는 것이 의미가 있다는 사실이다.

아무리 좋은 집이라도 혼자는 무섭다. 재미가 없다. 내 말에 이의를 제기하는 사람도 많을 것이다. 중요한 것은 정신세계의 공허이다. 외로움을 극복할 수 없다는 것이다. 이것이 현대인의 함정이다.

결론은 사람을 중요시하는 것이다. 가장家長, 즉 아버지가 있느냐 없느냐이다. 문제는 아버지의 비존재를 물질로 대체하는 것이 불가능하다는 것이다. 여기서 돈보다 아버지이다. 특히 어린 아이는 더욱 그러하다.

엄마 없는 아이는 공허하다. 아버지 없는 아이는 소침하다. 의기나 기세 따위가 폭삭 내려앉아 사그라진다는 것이다. 이런 인간의 정신적 빈곤은 어떤 것으로도 채울 수 없다는 것이 과학인간의 한계이다.

우리가 모르는 하나의 안타까운 현실이 있다. 그것은 자녀 없는 어른의 공허함이다. 이런 어른은 어떤 것을 먹고 누려도 인생의 허무함을 채우지 못한다. 사람이 그리워서 헤맨다. 이런 어른들이 우리 주변에 굉장히 많다는 사실이 슬프다. 노후의 행복은 자녀이다. 나아가 노후의 안정은 사람이라는 것이다.

이러한 사회 현상과 인간 현실이 어디에서 온 것인가? 자본주의다. 자본주의는 물질이 우선이다. 돈이 정상이다. 돈이 최고의 가치이다. 그리고 돈으로 다 한다. 돈으로 다 산다. 돈이면 다 된다는 논리가 가능하다는 것이다. 사람도 산다. 권력도 만든다. 어떤 면에서는 행복도 가능하다.

문제는 나이가 한계라는 사실이다. 병들고 늙으면 무너진다. 은퇴하고 노후가 되면, 다시 말하면 내 몸이 늙으면 돈 능력이 떨어지는 것이다. 내 몸이 젊고 건강할 때에 돈의 능력이 크게 된다. 늙었을 때의 돈은 어떤 것도 누릴 수가 없게 된다. 사람이 나이를 먹으면 걷는 것도 어렵다. 여기서 다 불가능하다. 이때부터 나의 행복 기쁨은 사람이 된다. 가족과 자녀, 나아가 친구가 중요한 나의 위안이 된다는 사실이다.

노후 인간의 가장 큰 문제는 사람이 없는 것이다. 여기서 완전 고립이다. 무서운 이야기다. 이제 우리는 어떻게 살아야 하는가? 사람을 귀히 여기는 자세로 사는 것이다. 그동안에는 세상을 돈에 목적을 두고 살았다면, 이제는 사람을 중요시하는 인생으로 가야 한다.

돈이 사람보다 우선순위가 되는 세상 인생은 반드시 불행하게 된다. 이제 우리의 우선순위는 돈이 아니라 사람이어야 한다. 당신의 우선순위는 어디인가? 돈이면 반드시 후회할 날이 온다. 그러나 사람이 내 인생의 우선일 때는 당신의 미래가 든든하게 다져질 것이다.

우리 주변에서 인생 실패, 경제적인 실패로 힘든 사람들을 둘러보라. 하나같이 돈 제일주의일 것이다. 따라서 이런 사람은 주위에 사람이 없다는 것을 발견하게 된다. 사람을 얻어야 성공한다. 돈보다 사람이다.

돈 실패는 인생 실패가 아니다. 경제적 가난은 절대 부끄럽지 않다. 그리고 이런 사람의 미래는 반드시 사람으로 인하여 기회가 온다는 사실이다. 언제나 물질은 루트route가 있다. 사람이다. 모든 물질은 사람을 통하여 오는 것이다.

돈은 사람을 통하여 나에게 전달이 된다. 우리가 흔히 말하는 복은 어떻게 오는가? 복도 사람이다. 사람이 없으면 복도 없다. 반면에 사람이 있으면 복이 있다는 것이다.

여기서 우리는 사회적 샤머니즘을 조심해야 한다. 미신이다. 신의 복, 즉 하나님이 복이라는 의식이다. 이런 사람은 신에게 충성, 하나님께 헌신하려고 한다. 신의 이름으로 봉사도 한다. 이것은 잘못된 신앙의식이다.

신의 복, 하나님의 복은 사람 구제, 사람 사랑, 사람을 섬김으로 주어진다는 것이다. 사람을 제외하고 직접 신의 복을 받는 예는 없다. 하나님의 복을 사람을 통하지 아니하고 받는 법은 성경에 없다. 우리에게서 이런 미신 신앙을 배제해야 한다. 축복의 대상은 사람이다. 잘못된 신앙에서는 신, 또는 하나님이 대상이라고 가르친다. 아니다.

이 부분을 더 구체화 하면 복은 구제이다. 사람 구제이다. 가난한 사람, 어려운 사람, 실패한 사람을 외면하지 말아야 한다. 우리는 그들에게 언제나 사랑의 손길을 내밀어야 한다. 우리에게 도움을 구하는 사람에게 생활비나 약값, 그리고 교육비는 거절하지 않는 것이 좋다. 아무리 미운 사람, 원수라도 이런 기본적인 구제에는 예외일 수가 없다.

어떤 사람들은 명예적인 구제를 한다. 선을 행하기도 한다. 그리고 도덕 윤리로 착한 사람이 되려고도 한다. 사회단체에 기부도 한다. 이런 것들이 나쁘지는 않다. 하지만 정말 아름다운 구제, 복된 구제는 은밀한 구제이다. 티를 내고, 폼이 나고, 소문난 구제가 아니라 오른손이 하는 것을 왼손이 모르게 하는 구제이다.

당신이 아무리 어려워도 구제는 반드시 하기를 바란다. 어려운 친구를 찾아가라. 힘든 이웃을 가서 도와주라. 이런 헌신 구제는 씨를 심는 것이다. 때가 되면 100배의 열매로 거두게 되는 것이다.

사람을 귀히 여겨라. 그것은 모든 일에서 우선순위를 사람에게 두는 것이다. 이런 정신세계를 가지고 산다면 그 사람은 경제는 물론 인생이 풀리게 되어 있다. 따라서 경제가 열린다는 사실이다.

20 가까운 사람이 소중하다

　　가까운 곳을 놓치기 쉽다. 등잔 밑이 어둡다는 말이 있듯이 가까이 있는 것을 도리어 잘 알아보지 못한다. 흔히 사람들은 세계여행을 꿈꾼다. 그리고 해외여행을 추구한다. 이것은 얼마든지 긍정적이다. 문제는 이런 식으로 가다보면 내 것을 놓치게 된다는 것이다. 여기서 말하는 내 것이란 우리나라, 대한민국이다. 해외여행을 하더라도 절반쯤은 국내 여행을 권장하고 싶다.

　　우리는 조국, 즉 대한민국의 역사를 알아야 된다. 지금 이런 부분에서 사람들의 약점이 보이기 시작하였다. 그것은 자기 것을 모르는 단점이다. 예를 들면 이런 것이다. 외국어를 잘하는데, 한국어가 부족한 문제이다. 이런 경우에는 근본에 약점이 있기 때문에 한국과의 연계 관계가 안 된다는 것이다. 우리는 한국 사람으로 영어를 잘해야 한다. 그래서 이 사람이 한국과 미국의 가교 역할을 하게 되는 것이다.

그런데 한국에 익숙하지 아니하면 역할 면에서 문제가 생긴다. 한국을 모르는데 무슨 역할을 하겠는가? 우리는 세계를 살면서 한국인이다. 미국에 살아도 한국 사람이다. 그런데 한국을 모른다든지, 한국어에 능통하지 아니하면 양국 관계에서 기여하지 못하게 된다는 것이다.

한국인인 이상 내가 미국에 살아도 한국에 기여를 해야 한다. 그리고 자신이 살고 있는 미국에도 기여를 해야 한다. 이런 중요한 역할을 하려면 먼저 자기 나라, 즉 한국 역사와 문화를 알아야 한다. 한국의 아름다움을 알아야 한다. 한국의 우수성을 알아야 한다. 여기서부터 할 일이 생기는 것이다.

사람들은 이상하리만큼 먼 곳을 동경한다. 그리고 먼 곳을 향하여 간다. 이것은 장점도 물론 있지만 단점이 더 크다는 것이다. 물론 내가 여기서 그런 것들을 부정적으로만 보는 것은 아니다. 그런 안목적인 세계관과 비전은 귀한 것이다. 내가 말하고자 하는 것은 가까이 있는 것을 놓치지 말라는 의미이다.

우리가 세상을 살면서 중요한 것은 사람이다. 모든 것의 중심에는 사람이 있다. 정치의 중심은 사람이다. 돈의 중심도 사람이다. 일도 사람, 경제도 사람, 역사도 사람이다. 그러므로 정치를 하려면 먼저 사람을 알아야 한다. 기업을 하려면 사람을 알아야 한다. 세상을 아는 것의 최우선은 사람을 아는 것이다. 세상 문제의 근원은 다 알면서도 사람을 모른다면 혼란과 충돌이다.

그러므로 세상을 향해 나아가려면 사람을 연구하라. 사회에 나가서 성공하려면 먼저 사람을 이해하라. 사람을 모르면서 정치를 한다, 기업을 이룬다, 사람에 대한 이해가 부족한 사람이 부자가 된다는 것은 또 다른 위험이다. 이런 사람들은 일을 이루기 위하여 사람을 이용한다. 그리고 결과는 사람을 배제한다. 이것이 인간 역사의 비극이었다.

모든 것은 사람을 위하여 존재하는 것인데, 이런 경우에는 사람이 거기에 이용당하는 것이다. 영화를 보면 어떤 경우에도 주연 배우를 중심으로 이야기가 전개된다. 마찬가지로 이 세상의 모든 일의 중심은 사람이어야 한다.

내가 지금 하고자 하는 일이 무엇인가? 내가 무엇을 목적으로 그 일을 이루려고 하는가? 모두 사람을 위하는 것이어야 한다. 작은 공장을 운영하는 지인이 최근 내게 사업이 안 되어서 폐업해야겠다며 상담을 요청해왔다. 계속 사업을 한다 해도 자기에게 남는 것이 없다는 이유에서였다. 그런데 일하는 사람이 10명이란다. 이 부분에서 나는 사업을 해서 얻는 이익보다, 그 사업을 함으로써 10명의 가정에 제공하는 수입이 얼마나 중요한지를 말해 주었다. 자기 한 사람의 희생으로 여러 사람에게 직업을 주는 것이 큰 업적이다.

이제 대한민국은 기업이든 정부든, 그리고 부자들도 사람을 먼저 생각해야 한다는 사실이다. 여기서부터 그 정치와 기업은 존경을 받게 된다. 그리고 경제가 살아나는 일이다. 따라서 기업이나 권력이 든든히 서 가게 된다.

이제는 사람을 생각하지 않는 정치, 사람을 우선하지 않는 기업은 존재할 수 없는 시대가 되었다. 우리는 이 부분을 분명히 하여 사회로 진출해야 한다. 직원 우대, 주변 사람 우대, 을乙 우대이다. 다시 말하면 가까운 사람을 우대하는 것이다. 이것이 우리시대의 모토이다. 이런 모토가 안 된 기업, 정치인, 지도자는 이제 설 곳이 없게 된다. 직원 먼저, 동료 우선이다. 가까운 사람부터 섬기는 것이다. 여기서 기업이 산다.

개인 사업이든, 소규모의 장사이든지 내가 하는 일에 함께하는 사람에 대한 우대가 필수이다. 이것이 내가 사는 길이다. 내 기업이 형통하게 된다. 내가 이런 복지의식을 가지고 일을 한다면 반드시 좋은 결과가 따라오게 되는 것이다.

이 부분에서 우리나라 정치와 기업들이 불신을 당하는 것이 우리 사회의 문제이다. 여기서 충돌하면서 혼란을 겪고 있다. 이 것이 내부적인 진통이다. 이 문제가 우리 시대가 해소하고 가야 하는 당면과제이다. 국민이 억울하다는 것이다. 직장인들이 불만 을 터트린다. 그리고 일꾼들이 머리띠를 두르고 투쟁을 하고 있 다. 이제까지 정치와 기업에 당하였다는 것이다. 이것은 모두가 합심해 청산해야 할 숙제이다. 지금 정부가 해야 할 일이다.

이런 중대한 과제들이 정부와 기업만의 문제는 아니다. 개인 의 책임이 크다는 사실이다. 우리 개인의 문제가 사회화와 관행 이 되었다는 것이다. 이것의 근원이 가족, 가정이다. 아버지와 남 편이다. 여기서 이들의 횡포는 부끄러운 것이다. 정말 수치스러 운 일이다. 세상 문제, 사회 문제를 탓하기 전에 우리 개인 문제 이다. 우리 집에 아직도 연약하여 고통 받는 을乙들이 있다. 억압 하는 부모, 무시하는 남편이란 문제가 사회 문제로 불거져 나온 것이다.

그러므로 이 개인 문제를 우선 해소하자는 것이다. 울고 있는 아내, 핍박 받는 아이들이 불만세력이 되어서 사회로 흘러 나가는 것이다. 이 세상이 힘들고 어려워도 가정이라는 울타리에서 보호 받는 아이들과 아내가 된다면 그 사회는 희망이 있는 것이다. 행 복한 가정과 화목한 부모이면 된다. 불화하는 가정, 다투는 부모에 비하면 다른 모든 문제와 어려움은 그리 큰 상처가 아니다. 이 상처는 치유가 거의 불가능하다는 것이 전문가의 의견이다.

가정의 상처, 부모로부터 받은 고통은 사회현상이 된다는 것이다. 비혼非婚을 주장하는 사람들, 자녀 출산을 거부하는 젊은이들의 이면에 도사리고 있는 것이 바로 이런 상처이다. 결국 사회적 재앙인 저출산의 이유이기도 하다.

자신과 가까운 사람으로부터 받은 고통은 평생을 살면서 상처가 된다. 그렇다면 자신과 가까운 사람이 누구인가? 부모와 배우자이다. 나아가 직장 동료와 친구, 이웃이기도 하다. 이들이 주는 고통은 무시이다. 외면, 따돌림이다. 이것 역시 심각한 사회적 열등감이다. 그래서 직장을 버리고 나가는 사람은 물론 다른 지역으로 이사를 가는 경우까지 있다. 그들은 왜 자신과 가까운 사람들을 이렇게 힘들게 괴롭히는지 모르겠다.

여기서 우리는 사회적 발판을 만들어야 한다. 좋은 이웃이 되는 것이다. 좋은 친구로 사는 것이다. 주변에 힘들어 하는 사람들을 돌보는 것이다. 우리 이웃을 위하여 섬기는 것이다. 어려운 친구를 초대하는 것이다. 그들과 따뜻한 차 한 잔과 조촐한 국수 한 그릇을 나누는 것만으로도 충분하다.

동네에서 사업을 한다면 짬을 내어 불우한 아이들에게 과외선생이 되라. 그리고 어려움에 처했을 때 5만원 정도는 기꺼이 빌려 준다고 써붙여 놓아 보라. 이것은 가까운 사람에게 작은 도움이라도 주자는 의도이다. 이것이 함께 사는 것이다. 도움이 되는 사람, 도움을 주는 사람에서 내 인생이 풀리는 것이다. 내 이미지가 살아난다. 그리고 내 일이 열린다.

허무맹랑한 신앙을 버려라

어쩌면 인간 역사에 필요악이 종교이다. 이것은 인간의 정신세계에서 가장 좋아하는 성향이기도 하다. 그만큼 인간은 정치를 좋아하며, 종교를 의지하는 연약한 정신구조를 가지고 있다.

한편 정치지도자들은 그러한 인간의 나약함에 기대어 종교를 부추기고 이용하여 세력화하는 수단으로 삼았던 것이 사실이다. 모든 사람들은 종교를 신성시하여 신뢰하는 경향이 있는데. 이것을 정치가 이용하여 자기들의 불합리한 정치를 정당화하는 도구로 이용하였다. 이런 것들은 21세기에 와서도 여전히 일어나고 있다는 것이 아이러니하다.

우리 시대는 문명화되어서 가난 문제, 질병 문제, 그리고 독재 문제를 극복하였다고 볼 수 있다. 그럼에도 지구촌 세계에는 여전히 이런 미개한 이념들이 남아서 자유세계로 나오지 못하는 불행한 국가와 민족들을 보게 된다.

여기서 우리는 종교 문제를 말하지 않을 수가 없다. 종교들이 어리석게 정치에 이용당하는 것과 사람들이 신앙이라는 이름으로 종교에 억압되어 있다는 것이다. 이런 문제가 지금 일부 국가들의 현실이다. 그런 나라들의 책임이 종교에 있다.

이런 국가들의 특성이 종교적이라는 것이다. 그리고 정치적으로는 대부분이 독재국가이다. 종교에 힘입어 자신들의 지배를 정당화한다. 사람을 어리석게 만들고, 그들의 가난과 질병을 신의 섭리라고 인식하게 한다. 여기서 정치적인 불만이 없게 만든다. 사람들을 미래 소망을 바라보게 하면서 비현실적인 사람이 되게 하는 것이다.

사람이 이런 프레임에 걸리면 어떤 저항도 없이 현실에 안주하는 중독자가 된다. 이렇게 일부 저소득 국가의 문제가 종교이다. 종교가 그 사회를 지배한다. 그래서 그 사회는 종교가 모든 것의 우위에 있다. 그 사회 전체가 종교이다. 종교 국가이다. 이런 체제가 아랍과 아프리카 여러 국가들, 나아가 동남아의 일부 국가들이다.

그리고 가난한 사람의 문제가 신앙이다. 미개한 사람일수록 신앙이 강하다. 자기 인생을 신앙에 희생한다. 그리고 자녀를 포함해서 인생을 신앙에 헌신한다. 이러니 그들은 자본주의 사회에서 도태할 수밖에 없다. 이런 사람은 도전정신이나 어떤 저항도 없이 신의 은총이라는 프레임에서 이상하리만큼 평안하고 행복한 사회라는 것이다. 신의 축복만을 생각하면서 세상을 사는 것이다. 이런 축복관은 선진국은 물론 우리나라에서도 일부 나타나는 현상이다. 종교로 복, 신앙으로 축복을 구하는 것은 대단히 위험하며 어리석은 일이다.

여기서 선진국을 알아야 한다. 선진국 대부분의 국가는 기독교 국가이다. 이들 기독교 국가들이 선진국이 되는 이유가 아주 분명하게 드러난다. 기독교 정신이다. 이것이 바로 선진국 사상이기도 하다. 이들의 신앙사상은 복을 무엇으로 보는가? 노동으로 본다. 노동을 신성시한다. 이것이 선진 사상, 기독교 사상이다. 이것을 우리는 배워야 한다는 것이다.

그런데 아직 미개한 일부 국가들은 신의 축복과 신앙의 복을 말한다는 것이다. 여기에 근본적인 문제의식이 있다. 기독교가 말하는 성경, 즉 하나님의 복은 '분량대로'이다. 이것을 적용해 보면 사람의 성품대로이다. 다시 말하면 그릇대로 사람은 복을 받는다는 것이다. 작은 그릇은 작은 대로, 큰 그릇은 큰 대로 복이다. 나아가 좋은 그릇, 깨끗한 그릇, 귀한 그릇은 귀한 복을 받는다. 그러나 천한 그릇, 더러운 그릇은 나쁜 것을 받는다는 말이다. 나는 어떤 그릇인가가 복이다. 나쁜 그릇에 좋은 것을 복으로 받기는 어렵다. 반면에 좋은 그릇에는 좋은 것이 담기게 된다. 이렇게 내 그릇 따라 복이다.

다음은 '심은 대로' 복이다. 내가 무엇을 심든지 그대로 거둔다는 것이다. 사람은 심은 것을 받는다는 사상을 가져야 한다. 좋은 것을 심으면 좋은 것을 받는다. 그래서 우리는 땀과 눈물을 심는 것이다. 우리 자녀들도 마찬가지다. 부모가 심은 것을 그들이 거둔다는 것이다. 이것이 선진사상이다. 이런 차원에서 봉사를 하며, 구제와 사랑을 하는 것이다.

이제 마지막 하나의 복은 '행한 대로'이다. 우리는 인생을 행함으로 사는 것이다. 우리는 세상을 행동함으로 산다. 그 이유는 바로 행한 대로 받는다는 믿음이다. 이것은 우리가 살면서 가질 경제 믿음이다. 이것이 유대인 사상, 아메리카 정신이다. 우리는 바른 복의 개념을 가지고 세상을 살아야 한다. 아니면 헛된 인생으로 역사의 비주류로 전락하고 만다.

또 하나의 문제는 한국적 신앙에서 복을 찾는 것이다. 이런 사람들의 복은 교회와 예배, 그리고 기도에 두는 것이다. 이것은 궁

정도 부정도 하기 어려운 문제이다. 그러나 이 복은 조심해야 한다. 이런 것들은 복을 전제로 하는 것이 아니라 이미 우리가 받은 복을 감사함으로 행하는 것들이다. 감사로 교회에 나간다. 감사로 예배를 드린다. 그리고 감사로 기도를 하는 것이다. 다시 말하면 이런 신앙은 복을 전제로 하는 것이 아니라는 것이다.

우리가 살면서 당장 힘들고 어려운 일을 당하여 교회와 예배, 그리고 기도로 문제를 해결하고 복을 받는 것은 흔한 일이다. 이 것을 부인하는 신앙은 안 된다. 문제는 자신은 노력도 아니하고, 노동도 없이, 수고로 심는 것과 같은 행함이 없이 신앙으로 복을 추구하는 것은 분명히 문제가 있다는 것이다. 성경은 6일 동안 열심히 일하고, 7일에는 쉬면서 온전한 예배를 드리는 것을 복이라고 말씀한다.

나아가 복을 받고 사는 사람들의 공통점은 부지런한 사람이다. 이것은 만고의 법칙이다. 종교와 신앙의 유무를 떠나서 부지런한 사람이 잘 되는 세상이다. 이 세상을 객관적으로 보면 지식인이 잘 되는 세상이 아니다. 훌륭한 사람이 잘 사는 것도 아니다. 능력이 많은 사람이 성공하는 세상도 아니다. 주변을 한 번 둘러보라. 좀 부족하고 나쁜 면이 있는 사람들, 그리고 인간적인 면이 없는 사람들이 부자로 사는 것을 보게 된다. 이런 경우에서 우리가 눈여겨볼 부분이 있다. 바로 부지런하다는 것이다.

반면에 우리 주변에 똑똑한 사람, 지식이 많고 선한 사람이 가난하게 사는 경우도 많다. 그런데 이 사람들의 특징은 분명하다. 부지런하지 않다는 것이다.

우리는 철저하게 내 자신에게서 떨쳐버릴 것이 있다. 그것은 게으름이다. 이것은 정신적 나태이다. 우리는 분명한 정신을 가지고 사는 것이다. 그것은 책임과 의무이다. 이것이 흐리거나 무너진 사람은 다른 대안이 없다. 기회가 없다는 말이다. 이런 경우는 신앙도 기도도 안 된다. 그러므로 우리는 책임과 의무는 분명하게 감당해야 한다. 가정에 대한 책임, 가족에 대한 의무는 더 말할 필요가 없다. 이것에서 주저하거나 부끄럽다면 그 사람은 희망이 없다. 가족을 위하여 낮은 일, 천한 일을 하는 것은 자랑스러운 것이다. 그 사람은 당당한 사람이다.

나는 이 책에서 인문 경제를 말하고 있다. 경제, 즉 돈은 사람에게 있다는 것이다. 다시 말하면 경제, 즉 돈은 내 자신에게 있다는 결론이다. 물질은 외부에서 오는 것이 아니라 내 자신에게서 나온다고 보는 것이 맞다. 내 행동에 따라서 오고가는 것이 돈이다. 그러므로 돈 문제, 경제 문제는 나에게서 풀리면 풀린다. 나에게서 막히면 푸는 방법이 없다는 사실이다.

책임과 의무를 다하기 위하여 우리는 몸으로 나아가야 한다. 돈으로 인생 문제를 풀겠다는 생각을 버려라.

22 자신감을 가져라

　나는 어린 시절을 서울의 장충동과 약수동 일대에서 살았다. 그때 유행하던 스포츠가 프로 레슬링과 권투였다. 우리 동네에 장충체육관이 있어서 주요 경기가 있을 때면 동네 형들을 따라 직접 가서 유명 선수들이 하는 경기를 링 주변에서 보곤 하였다. 당시 우상이었던 권투의 김기수, 레슬링의 김일 선수를 가까이에서 보는 행운을 누리기도 하였다.

　이 때 주변에 모인 사람들의 관심사는 모두 "누가 이길까?"였다. 그런데 경기를 많이 보다 보니 자연스레 그 날 선수의 모습과 얼굴에서 누가 이길 것 같다는 생각이 드는 것이다. 그때 내 나이가 10대 초반이었는데 그것이 보였다는 것이 지금 생각해도 신기하다.

그것은 바로 링 위에 오른 선수들에게서 나오는 두려움과 자신감으로 구별이 된 것이다. 누가 두려움이 많은가? 두려움이 많은 선수가 대부분 그 날 경기를 진다. 그리고 자신감이 있어 보이는 선수가 이긴다는 것이다.

이것은 우리가 사는 세상도 마찬가지다. 자신감을 가진 사람이 반드시 성공한다는 사실이다. 그 이유는 자신감이 결여되어 있을 때는 왠지 주눅 들고 실수할 것만 같은데, 자신감이 있을 때는 무엇을 하든지 잘 풀린다는 것이다. 우리가 글을 쓰는 일도 그렇다. 자신감이 없을 때는 문장은 고사하고 글씨 자체도 난필이 된다. 자신감이 없는 날은 반드시 실수가 많다. 당구나 볼링을 쳐 보면 자신감이 있는 날은 폼, 즉 자세가 상당히 안정적인 것을 보게 된다. 그러므로 우리가 어떤 일을 하기 위하여 갖추어야 할 것이 자신감이다.

그러면 이 자신감은 어디에서 오는가? 실력에서 온다. 실력이 딸리면 매사에 자신감이 떨어진다. 나는 주로 강의하는 일을 하는 사람인데 준비를 철저히 하는 날은 자신감이 있어서 성공적인 강의를 한다. 반면 준비가 안 되면 쓸데없이 말을 많이 하게 된다.

내가 좋아하는 유명 가수가 최백호이다. 청년 때부터 지금까지 그의 음악을 즐겨 들어왔다. 몇 년 전 그의 40주년 기념 콘서트에서 앞자리에 앉아 경청을 하는데, 그가 굉장히 긴장하고 힘들어 하면서 땀을 흘리는 것을 보았다. 얼마나 열심히 준비했을까마는, 이처럼 40년을 노래로 사는 직업가수도 힘들어 한다. 이것이 인간의 부족이다.

이웃에 있는 부부가 회사 일을 접고 세탁업을 새로 시작했다. 얼마간의 시간이 흐르고 만났을 때 어떠냐고 물었더니, 손님 오는 것이 두렵다는 것이다. 이것은 무엇을 말하는가? 두려움의 근저에는 준비 부족이 있다. 다른 일을 하다가 갑자기 기술 일을 시작하려니 준비가 덜 된 것이다.

신이 아니기에 사람은 항상 부족하다. 실력이나 기술, 그리고 능력이 부족한 것이 인간이다. 이 부족을 어떻게 극복하느냐가 늘 고민이다. 방법은 하나이다. 준비를 철저히 하는 것이다. 준비를 반복해서 하는 만큼 자신감이 오는 것이다.

내가 어떤 일에 기술과 실력이 있어도 날마다 긴장은 있게 된다. 이 긴장감은 어쩔 수 없다. 그래서 미리 준비를 하는 것이다. 부족하지만 부족한 대로 철저하게 준비를 한다면 그 일에서 여유와 자유함을 누리게 되는 것이다.

그리고 사업을 성공적으로 잘하는 사람들의 특징이 시대 감각이다. 지난 지식, 어제 생각으로는 안 된다, 오늘 지식, 그리고 현재 감각이 있어서 성공하는 것이다. 당신의 감각은 언젯적 감각인가? 지난 것은 안 된다. 그런데 지난 지식, 이미 흘러간 실력, 지금 시대에는 아무런 관계가 없는 옛날식 경험을 가지고 오늘 덤벼든다는 것은 매우 무모한 사람이다.

내 주변에 영화 만드는 사람, 음악 만드는 사람들이 여럿 있다. 요즈음에는 왜 작품 활동을 하지 않느냐고 물으면 대다수의 답변이 일맥상통하다. 이 시대의 감각이 없다는 말이다. 자신이 가진 감각은 이 시대에는 뒤진다는 것이다. 이것이 예술가들과 전문가들이 하는 솔직한 말이다.

우리가 어떤 일을 하는데 있어서 결정적인 것은 감각이다. 예를 들어서 축구에서 차범근은 한때 가장 우수한 선수였다. 그런데 지금 경기장에서는 뛸 수가 없다. 왜인가? 감각이 무뎌졌기 때문이다. 이제 그는 축구 박사일 뿐이다. 지도자 감독은 가능하지만 선수는 할 수 없다. 축구를 아는 것으로 선수를 하지는 못한다. 선수는 감각이기 때문이다.

옛날 실력을 믿고 지금 당구를 한 번 쳐 보라. 다 보이는데 안 맞는다. 이유는 감각이 없는 것이다. 사람들의 착각과 실수가 여기에 있다. 하면 다 될 것 같다. 마음도 되고, 기분도 된다. 그리고 자신감도 있다. 하지만 막상 하려 들면 예전의 자신이 아니다. 여기서 우리는 깊이 자신을 돌아보는 지혜가 필요하다는 사실이다.

나보다 경험이나 실력이 부족한 사람이 잘하는데, 나보다 능력이 부족한 친구도 성공하는데… 이 부분이 문제다. 그들은 나보다 감각이 좋은 사람일 가능성이 높다. 일이나 사업에서 중요한 것은 실력이 아니라 감각이라는 것이다.

그러면 나이 많고 늙은 사람은 아무것도 하지 말라는 것인가? 그것은 절대 아니다. 감각을 만들고, 키워야 한다는 말이다. 자기가 직접 어떤 일을 하기보다는 감각이 좋은 사람을 앞세워서 하는 것이다. 직원이나 파트너로 감각이 살아 있는 사람을 두는 것이다. 그리고 자기가 직접 해야 하는 일이라면 일단 젊은 감각을 터득하는 것이다. 말이나 경험, 그리고 생각으로 하지 말고 몸으로 행동하는 것이다.

여기서 중요한 것은 몸이다. 몸을 만들어야 한다. 걷는 몸, 움직이는 몸, 행동하는 몸에서 감각이 생긴다는 사실이다. 다시 말하면 감각은 운동에서 나온다. 매일 날마다 밖으로 나가서 운동하는 것을 3개월 정도 해보라. 그러면 민첩한 감각, 유연한 감각, 오뚝이 감각, 젊은 감각을 가지게 된다. 여기서 운전 자신감, 어디 가는 자신감, 어떤 일을 하는 자신감이 생긴다.

자신감의 장점은 두려움이 없다는 것이다. 자신감을 가진 사람은 염려와 걱정이 없게 된다. 사람의 행동을 제한하는 것이 염려 근심이다. 말을 많이 하는 것과 생각이 많은 사람은 두려움을 가진 사람이다. 그런데 말보다 행동이 앞서는 사람, 생각보다는 실천을 먼저 하는 사람은 감각이 있고 자신감이 있는 사람이다.

그리고 자신감을 가진 사람의 특징은 사람들을 만나서 구한다, 찾는다, 두드린다는 것이다. 반면에 자신감이 없는 사람은 돈을 빌리려고 한다. 대출이나 어떤 사람을 의지하여 도움을 받으려고 한다. 이런 사람은 또 다른 위험군이다. 주변 사람들에게 피해를 줄 수가 있다.

사람은 몸으로 사는 것이 가장 좋다. 몸으로 일, 몸으로 사업이다. 여기서 사람은 풀리게 되어 있다. 그런데 많은 사람들은 돈으로 일을 하려고 한다. 돈을 가진 사업을 생각한다. 이런 사고를 가진 사람에게 드리는 말씀은 내 몸이 돈이라는 것이다. 내 몸을 움직여서, 내 몸을 사용하여서 돈을 만들라는 것이다.

어느 날엔가 종로5가 카페에서 아내와 함께 커피를 마시는데, 40대 후반쯤의 남자가 다가와 인사를 한다. 초여름인데 빨간 바지를 입고 가벼운 스카프를 목에 두른 멋쟁이였다. 인사를 하고 보니까, 개그맨으로 활동하던 김경민이다. 가방에서 향수 두 개를 꺼내어 우리에게 뿌려준다. 그렇게 화장품을 파는 사업을 하고 있다. 나는 이 사람을 크게 격려했다. 그 카페에서 그는 서너 개의 제품을 팔았다.

이것이 바로 내가 말하고 있는 자신감과 감각이다. 독자들에게 적극 추천하는 일이 몸 사업. 몸 장사, 몸으로 하는 일이다. 아주 건강한 정신이다. 건전한 의식이다. 사람은 몸으로 경제 문제를 풀어야 한다.

23

편안한 사람이 되라

    우리의 에너지는 음식이다. 내가 매일 먹는 음식이 소화가 되면서 살아가는 에너지가 나오는 것이다. 만일 소화가 안 되면 먹는 음식 자체가 몸에서 정체되어 내 몸의 균형을 깨뜨리게 된다. 그래서 사람들은 소화불량을 해소하기 위한 여러 움직임들을 하는 것이다. 소화가 되어야만 내가 먹은 것들이 양분이 되기 때문이다.

    우리 몸에서는 대단한 분해 작용을 하는 능력이 있다. 여기서부터 우리가 성장하고 키가 자라는 것이다. 뿐만 아니라 세상을 살아가는 힘이 나온다. 우리가 활동하는 일차적인 힘이 몸에서 나온다. 그러므로 우리 몸에서 소화기능은 중요하다.

마찬가지로 우리는 세상에서 고통을 이기는 힘을 가져야 한다. 왜 그런가 하면 모든 과정은 고통이기 때문이다. 우리 인생의 좋은 것은 전부 고통을 수반한다. 고통을 수반하지 않는 좋은 일은 없다.

우리 어머니들은 두려운 출산의 고통을 거쳐야만 비로소 귀한 선물인 아기를 품에 안을 수 있다. 어린아이들에게는 성장 고통이 있다. 이 고통을 지나서 성인이 된다. 학생들에게는 공부의 고통이 있다. 이 고통을 견딘 만큼 실력이 늘어나고, 인생의 미래가 결정된다. 그리고 군인들 역시 훈련 고통, 통제와 절제, 인내의 고통을 이겨내고 강철 군인이 되는 것이다.

만일 이런 고통을 이겨내지 못한다면 그 사람은 인생에서 더 많은 고통을 받으면서 세상을 어렵게 살게 될지도 모른다. 이렇게 보면 우리 인생에서 고통은 아주 중요한 것이다. 마찬가지로 우리 인생에서 고통은 필요하다는 사실이다. 여기서 인생 역사는 만들어진다.

문제는 고통 소화이다. 우리에게 오는 기회의 통로인 고통을 우리가 감당할 수 있는가, 그리고 그 고통을 내 몸에서 분화시키는 능력을 가진 사람인가 하는 점이다. 내가 만나본 많은 사람들은 이 고통을 몸으로 소화시키지 못하고 있다. 다시 말해 고통에 걸린다. 이것은 음식을 먹고 소화불량에 걸린 상태와 같다.

우리가 음식을 급하게 잘못 먹었을 때 나타나는 불편함이 체함이다. 심하면 급체로 사망에 이르기도 한다. 그런데 안타까운 것은 우리 주변에 훌륭한 사람들이 고통에 체하는 경우이다.

그러면 고통을 어떻게 소화 분해하는가? 간단하다. 나에게 주어진 고통을 감당하는 것이다. 고통에 걸려서 넘어지지 않는 것이다. 다시 말하면 고통을 내 몸으로 수용하는 것이다.

또 하나의 고통 문제는 고통을 감당하지 못하는 사람은 그 고통을 피한다는 것이다. 고통 도피자들이 많다. 이런 사람은 사회성이 없게 된다. 사회에 적응을 못하는 것이다. 그래서 사람이 방황을 한다. 정처 없이 흘러가는 것이다.

이제 나는 독자들에게 분명한 메시지를 주고 싶다. 우리가 감당하지 못할 고통은 없다는 것이다. 세상에는 온갖 고통이 있다. 그리고 모든 인생에는 크고 작은 고통이 다 있다. 지레 겁먹어 당황하기보다는 고통을 이해하고, 고통의 의미를 아는 것이 중요하다. 고통을 통하여 모든 좋은 일들이 이루어진다는 것을 아는 것이다. 고통은 축복의 통로라는 사실을 이해하는 것이다.

여기서 사람은 아름다워지기도 하며, 반대로 추하게 되기도 한다. 그 차이는 고통을 감당하는 사람과 고통에 체하는 사람이다. 고통을 감당하는 사람은 그 고통으로 인하여 아름다운 인생이 되지만, 고통에 체한 사람은 추하게 된다.

나는 평소 등산을 즐기는데, 사실 지금껏 내가 해본 운동 가운데 가장 힘든 것이 등산이다. 한두 시간 산을 오르면 숨이 목구멍까지 차오른다. 그런데 나는 이 등산을 즐긴다고 하였다. 이유는 소울soul에 있다. 그처럼 시원한 사이다는 없다는 것이다. 내 피곤한 몸을 완전히 풀어준다. 그리고 다른 고통은 쉽게 해소된다. 내 마음과 정신까지 시원함을 등산에서 맛보는 것이다.

사람은 편안해야 한다. 마음의 불편 불만은 내 정신세계에서 어두움이 쌓이는 것이다. 사람은 이런 어두움에서 무너진다. 성공한 사람들, 훌륭한 지도자들, 성공한 기업인들, 인기 스타들이 다 여기에서 무너진다는 말이다.

이때 사람들은 향락을 추구한다. 비즈니스 향락, 정치 향락, 심지어는 종교 향락까지… 세상이 이런 어두운 향락에 빠져서 흥청거린다. 어두운 재미로 인생의 고통과 세상 고통을 날려버리려고 든다. 이것은 또 다른 위험이다. 이런 방식들은 극히 일시적이다. 진정한 해결이 아니다.

사람은 빛으로 나와야 한다. 마음이 불편한 사람은 반드시 어두움으로 가지만, 반면에 마음이 편한 사람은 밝은 빛으로 나오는 것이다. 고통을 감당하는 사람은 빛에 임한다. 하지만 고통을 피하는 사람은 어두움으로 가게 되는 것이다. 이런 사람은 자신도 모르게 음탕하게 된다. 남이 모르게 산다. 골방에 숨어서 산다. 혼자 살려고 든다.

이것이 지금 우리 시대의 새로운 변화 현상이다. 개인주의로 가는 것이다. 그래서 부모도 자녀가 어떻게 사는지 모른다. 남편이 무엇을 하는지 부인도 모른다. 친구가 친구의 생활을 모른다. 이렇게 사회는 고립주의 은둔 세상이 되었다.

왜 이런 현상이 되는 것인가? 불편해서 그렇다. 마음이나 정신세계가 피곤해서이다. 그래서 모든 관계에 선을 긋는 것이다. 담을 만들고 산다. 그러므로 불편한 사람이 된다. 어린 시절에 친구들과 학교생활에서 땡땡이를 경험해 보았는가? 몸은 자유인데, 마음은 온종일 불편하다. 내일이 두렵다. 잠을 자지 못한다. 그런 상태의 지속이다.

내가 볼 때는 땡땡이 어른들이 많다. 땡땡이로 인생을 사는 사람들이 흔하다. 부딪쳐 보면 별 것 아니다. 얼마든지 감당한다. 그런데 순간적인 유혹과 어리석음에 땡땡이 인생을 산다. 그것이 나락으로 떨어지는 길임을 모른 채 말이다.

땡땡이 인생은 힘들다. 어떤 고통이라도 막상 부닥치면 편하다. 피하는 것이 오히려 불편하다. 우리는 매사를 당당하게 부딪치면서 살아야 편하게 된다는 말이다. 피하는 것처럼 우리를 불편하게 하는 것은 없다고 본다.

고통을 피하지 말라! 그러면 우리 마음에 편안함이 임하게 되는 것이다. 사람이나 전화를 피하지 않기를 바란다. 대면하는 것이 훨씬 편하기 때문이다. 사람 자체가 편안하게 되면 그 사람은 몸이 풀린다. 건강하게 되며, 여유가 생기면서 자신감이 생긴다.

세상일도 마찬가지다. 내가 편한 사람일 때 열리게 되어 있다. 내가 편하면 관계가 풀린다. 관계가 풀려서 세상은 열리는 것이다. 그런데 사람들은 상대가 불편하다고 생각한다. 형제나 배우자가 불편하다고 말한다.

그게 아니다. 내가 불편한 것이다. 여기서 관계가 꼬이는 것이다. 내가 편한 사람이면 아이들이 달려든다. 내가 편한 사람이 되면 모든 사람들이 나를 좋아하게 된다. 여기서 모든 일들이 풀리기 시작한다.

편한 사람이 되기를 바란다. 이것은 이해 문제이다. 이해를 못하면 불편, 이해를 하면 편하다. 고통을 이해하면 감당할 수 있다. 고통을 감내하면 복이다. 그러므로 우리는 고통을 피하지 말고 즐겨야 한다.

24

의
심
하
지 말
라

모든 사람에게는 장애가 있다. 다 완벽한 사람은 없다. 그럼에도 사람들은 완벽을 추구한다. 여기가 아주 위험한 부분이다. 완벽이 없는데 완벽을 찾는다는 것이다. 인생을 힘들게 사는 사람들을 잘 보면 완벽주의자이다. 스스로 피곤한 사람이다. 이런 경우 자학적 학대 현상을 보인다. 자기 학대이다. 이런 사람은 항상 상대를 비판한다. 그리고 부정적으로 본다.

그런데 이런 현상은 누구에게든지 정도의 차이가 있을 뿐이지 모든 사람에게 있다는 것이다. 이렇게 되면 문제는 사람을 만나는 것이 어렵게 된다는 것이다. 가까운 친구도 만나지 못한다. 자기 형제들과도 교제가 어렵다.

여기서 우리는 시선을 돌려 자신을 살펴보아야 한다. 우리는 상대를 있는 그대로 받아들이고 인정해야 한다. 그 사람은 나와 다른 스타일과 성향을 가진 것이다. 그러므로 그 사람을 우리가 비판하면 안 된다. 이것은 심각한 간섭이면서 월권행위이다.

이상하리만큼 사람들은 자기가 기준이 된다. 자기 기준에서 세상을 본다든지, 자기 기준에서 사람을 본다. 아주 나쁜 것이다. 이런 것들은 바로 사회악이다. 사회는 다양한 사람들이 모이는 곳이다. 다양성이라는 것이 얼마나 귀한 것인지 모른다. 같은 사람만 있으면 그 사회는 마비된다. 그리고 나와 같은 성향만 있으면 그 사회는 경직되고 만다.

이런 문제가 민주화 이후 우리나라에 나타나는 현상이기도 하다. 이제는 세계인이 함께 사는 대한민국이다. 한때 우리와 대적 관계이던 일본, 중국 사람들이 우리 땅에서 함께 살면서 결혼도 하고, 사업경제 활동을 하고 있다. 이것은 감사할 일이다. 그들을 우리가 돌보고 보호해 주어야 한다. 우리나라에서 함께 산다는 것이 우리에게는 유익이다.

만일 우리나라에 사는 외국인들이 없다고 생각해 보라. 사회 기능에 심각한 균열이 생기는 것이다. 그럼에도 일부 이념주의자들은 이 사람들을 적대시한다. 적폐, 빨갱이, 원수 취급을 한다.

이것은 세계화를 저해하는 이적행위이다. 지금 우리 시대는 시장경제로 뭉쳐야 한다. 서로 교류하고 시장을 통합하는 것이 경쟁력이다. 생각해 보라. 일본 사람, 중국 사람들이 시장경제에서 철수하고 떠난다면 자원부족으로 사회가 붕괴되고 만다는 것이다. 이념이나 민족주의는 우리 시대에는 전혀 어울리지 않는다는 것이다.

다시 말하면 사람을 부정적으로 보지 말자는 의미이다. 사실은 나와 다른 사람이 좋은 사람이다. 그 사람들을 있는 그대로 환영하고 인정하는 문화인이 되어야 한다.

지금 서울역이나 광화문을 한 번 가보라. 원색적인 문구를 사용하면서 반대 집단을 물러가라고 외치고 있다. 물러가기는커녕 함께 살아야 한다는 말이다. 그들이 있어야 하며, 필요한 사람이다.

나는 이 부분에서 걱정이다. 이런 현상이 인격이나 성격, 그리고 성향의 차이가 아니라는 것이 고민이다. 병적인 현상이다. 그들의 언어와 행동을 보면 병적이다. 치료가 필요한 수준이다. 정상적인 정신이 아니다.

요즘의 범죄들과 사건들을 보면 윤리도덕의 문제가 아니다. 사람으로서는 할 수 없는 잔인성과 비정상적 사고를 보인다. 미친 사람처럼 보인다. 제 정신이 아니라는 것이다.

우리는 건전한 의식과 바른 정신을 가지는 것이 중요하다. 어떤 사람도 정죄하거나 부정하면 안 된다는 것이다. 한 대의 자동차는 2만 개의 부품이 만나서 결합되는 것이다. 이것이 사회이다. 우리가 사는 세상이라는 사실이다.

나와 같은 사람은 없는 것이다. 그리고 있을 필요도 없다. 이유는 서로 다른 사람이 결합함으로써 역사는 만들어지기 때문이다.

우리가 사회성을 가지고 인생 경제를 풀기 위해서는 우선 사람에 대한 바른 이해가 필요하다. 어떤 사람들을 만나도 충동하지 않는 사람이 되어야 한다. 내 자신이 누구와도 결합하여 일을 만들어 가는 사람이 되는 것이다.

그러기 위해서는 믿음의 사람, 즉 의심하지 않는 사람이 되는 것이다. 요즘 세상을 선뜻 믿기에는 주저되는 것이 사실이다. 그리고 사람을 믿어서는 안 된다는 것이 현실이다. 그러나 중요한 것은 우리가 만나는 사람, 나와 함께 일하는 사람은 믿어주어야 한다. 나와 가까이 만나는 사람을 의심하지 말아야 한다.

사람들을 보면 자기를 믿어주는 사람에게는 악행하지 않는다는 것이다. 오히려 자기를 의심하는 사람을 함부로 대한다. 그리고 보복한다. 중요한 것은 그 사람이 아니고, 나 자신이다. 자신의 태도에 따라서 상대는 달라진다. 자기를 부정적으로 대하는 사람에게는 함부로 대하게 된다. 그러나 자기를 인정해주는 사람에게는 선의를 보이는 것이 인간이다.

요즘 주변에서 흔하게 보이는 것이 개★다. 소리 지르고 험하게 대하면 반드시 개는 그 사람을 물어 버린다. 그러나 부드럽게 만져주고 환영하는 사람에게는 꼬리를 치면서 즐거워한다.

우리는 사람을 부드럽게 대하는 태도를 가져야 한다. 세일즈맨의 최고 능력은 부드러움과 따뜻함이다. 어떤 사람이 영업을 잘하는가? 그리고 누가 물건을 고객에게 설득하여 많이 사도록 하는가? 부드러운 인상과 따뜻한 언어를 지닌 사람이다.

이 부분은 개인 경제에서도 마찬가지이다. 내가 먼저 사람을 따뜻하게 대하면 상대는 반드시 호감을 보인다. 나아가 내가 먼저 사람을 따뜻하게 대하면 상대는 내 말을 듣게 되는 것이다.

따라서 경제에서 문제는 나 자신이다. 돈 문제는 자신이 푸는 것이다. 좋은 인상을 만들라는 것이다. 그 시작은 부드러운 인상과 따뜻한 태도이다. 이것을 우리가 인위적으로 만들 수 있는가? 있다. 험한 인상인데 말하는 언어가 아주 따뜻하면 된다. 그리고 악센트가 강한 언어인데 인상은 아주 부드러우면 된다.

어떻게 보면 지나치게 부드러운 인상과 따뜻한 언어는 위선적으로 보일 가능성이 높다. 이런 경우는 순수해 보이지 않기 때문이다. 그런데 인상이 나쁘고 언어 톤이 높은데 그의 태도와 자세가 부드럽고 따뜻하다면 전자의 사람보다 더 호감을 얻을 수가 있다는 말이다. 언어와 인상보다 더 중요한 것이 태도와 자세이다.

가정생활을 잘하는 사람이 성공한다. 우리는 세상일에 성공하고 사회에서 훌륭한 능력을 가진 사람들이 무너지는 것을 많이 보아왔다. 어디에서 이 사람들이 무너지는가? 자기 가정에서 무너지는 것이다.

반면에 우리 주변에는 실패하고도 성공한 사람들이 있다. 부인이 남편을 인정하는 경우이다. 남편이 잘못으로 감옥에 갔는데도, 아내가 내 남편은 절대 그런 사람이 아니라고 눈물로 호소하는 것을 보았다. 내 친구 한 명은 부도가 나서 지방으로 몰래 도망갔는데, 어느 날 부인이 현금 7억원을 주더란다. 당신이 평소 나에게 쓰라고 준 돈을 30년 동안 모은 것이라며 내놓은 것이다.

인간관계를 소홀히 하면 안 된다. 가까운 사람, 특히 함께 사는 가족에게 잘해야 한다. 이런 사람은 반드시 형통하게 되어 있다. 다시 말하지만 우리 사회의 위기는 가정과 가족이다. 여기가 변곡점이다.

25 불편을 감수하라

'불편한 용기'라는 이름의 여성단체가 있다. 이들 단체 여성들이 남녀 불평등에 대항하여 집회를 하는 것을 보았다.

이 세상은 어디에나 불평등이 있다. 여성으로서의 불평등뿐만 아니라 세상 구조 자체가 불평등하게 되어 있다. 세상을 보면 불평등이 관례화되어 있다. 어느 세계, 어느 단체든지 불평등은 존재한다. 우리는 이런 불평등한 세상을 사는 것이다. 불평등한 가운데 일하는 인생이다. 이 부분이 사회생활에서 부딪치는 힘든 것이다. 인간관계에서 항상 문제가 되는 고통이기도 하다.

사람들이 모이는 곳에는 이런 불편함이 있는 것이다. 그리고 우리가 어떤 일을 한다든지, 어떤 목표를 가지고 나아가는 길에 만나는 장애물이 불편이다. 우리는 이런 불편과 싸워서 이겨야 어떤 일을 할 수가 있다. 불편에 밀리거나, 불편을 피하다가는 사회적 낙오자가 되고 마는 것이다.

우리가 이런 불편을 극복하기 위해서는 먼저 불편을 인지하고 예감하는 것이 중요하다. 우리가 가는 길에 반드시 불편함이 있다는 사실을 아는 것은 막상 그런 상황에 맞닥뜨렸을 때 당황하지 아니하고 대처하는 능력을 갖게 되는 것이다.

얼마 전 우리는 뉴스로 전해지는 북미회담을 통하여 트럼프와 김정은의 불편한 관계를 보았다. 서로 견제하는 모습에서 세계 언론들의 반응이 쏟아지곤 한다. 그야말로 불편한 협상이다. 불편한 거래이다. 어떤 합의문이 나올까, 어떤 선언이 나올까 세계인들이 주목하고 있다.

이것이 우리가 사는 세상이다. 국가 대 국가, 정상들 간의 회담임에도 그 불편함은 긴장을 넘어 전쟁 이상이었다. 그만큼 치열하다는 것이다. 정말 불편한 회담이다. 국익을 위하여, 세계평화와 비핵화를 위하여 이웃 국가들은 물론 당사자들 간에 감수하는 불편은 마치 승패가 있는 게임과 같다. 여기서 밀리거나 결렬되는 것은 충격이다. 그리고 북미는 이 불편한 게임을 다시 하기 위하여 치열한 언론 플레이를 하고 있다.

바로 이것이 우리의 인생이다. 목적을 이루고 거래를 성사시키려면 불편한 게임을 할 수 밖에 없는 것이다. 당신은 이런 불편함을 감수하는 사람인가? 이 부분을 스스로 체크해야 한다. 그리고 불편을 감수하는 정신 자세를 갖추는 것이다. 그것은 불편 게임을 즐기는 것이다.

한 경기 한 경기에 혼신의 힘을 다하는 운동선수들을 보라. 그들은 평소 그런 몸과 정신을 만든다. 선수들의 말을 들어보면 준비된 만큼 자신감이 생긴다는 것이다. 만약에 내가 준비가 부족하면 상대가 두렵다는 것이다. 그만큼 상대가 커 보인다고 한다. 그런데 내가 철저히 준비하면 상대가 작아 보인다고 한다. 이것은 기술과 함께 정신력이다.

내게 어떤 사람이 평소 자신감이 없는데 어떻게 하면 자신감이 생기느냐고 물어왔다. 철저한 자기 준비라고 말해주었다. 자기 준비! 우리는 흔히 실력하고 돈이면 다 된다고 쉽게 말한다. 아니다. 연습과 훈련이다. 이렇게 자기 준비가 되면 핵심이 보이기 시작한다. 그리고 중요한 감각이 생기는 것이다. 나는 이것을 경지라고 말하고 싶다. 아는 것 가지고 안 된다. 기술이나 실력으로 되지 않는다. 그러면 무엇인가? 감각이다.

전문가나 프로는 남들이 가지고 있지 아니한 감각이 있다. 지도자나 유능한 선생에게는 탁월한 감각이 있다는 사실이다. 리더

나 지도자는 기술이나 실력이 다가 아니다. 특별한 감각이 있다는 말이다.

선수로서 성공하지 못한 사람이 코치나 감독으로 성공하는 경우가 많다. 이들은 선수로서 두각을 나타내지 못한 사람이다보니 남들이 가지고 있지 않는 뛰어난 감각을 소유하여 크게 성공한다. 이런 감각이 세상을 사는 우리에게 절대적으로 필요하다. 우리가 하고자 하는 일에 대한 많은 정보와 자료, 그리고 사례들을 수집하여 연구해야 한다.

우리 주변에 정치 감각이나 사업 감각이 탁월한 사람들을 가끔 찾아볼 수 있다. 이들이 특별히 좋은 대학을 나오거나 지적능력이 빼어난 사람이 아님에도 유난히 두드러져 보인다. 이런 감각을 가진 사람이 누구인가 하면 많은 시간을 실패와 성공을 거듭하면서 깨달은 사람들이다.

훌륭한 작가들이나 유명한 작곡가들의 작품 속에는 그들이 깨달은 글이 있고, 깨달은 곡이 녹아 있다. 신문을 보면 깨달은 사람의 사설이 있다. 그런데 유명한 스타들이나 훌륭한 작가들임에도 깨달음이 없는 지적능력에 머무는 사람이 대다수이다.

자신의 영역에서 성공한 사람들을 보면 이들은 감각이 뛰어난 사람들인 것을 알 수 있다. 이 감각이 어디에서 왔는가? 깨달음이라는 것이다. 그런데 아이러니는 이들이 실패를 많이 경험한 사람들이라는 사실이다. 다시 말해 탁월한 감각을 주는 깨달음은 실패를 두려워하지 않고, 또 실패하더라도 그것을 극복한 사람들에게 많다는 것이다.

그런 의미에서 실패가 귀하다는 것이다. 실패는 경우에 따라 손실보다는 이익이 많다. 성공의 유익보다는 실패의 유익이·크다는 말을 하고 싶다. 그러므로 실패를 두려워하면 안 된다. 실패는 성공보다 더 우리를 귀한 사람으로 만들기 때문이다.

우리가 성공한 사람들에게 배워야 할 부분이 분명히 있다. 그러나 실제적으로 우리가 배워야 할 사람은 실패자이다. 성공한 사람은 지적능력 수준일 가능성이 높다. 그러나 실패자는 지식을 넘어서는 깨달음이 있다는 것이다. 이것은 지식에 없는 감각이다. 학문이 모르는 깨달음이 실패자에게 있다는 것이다.

지금 우리는 불편을 감수하자는 이야기를 하고 있다. 그런데 말이 그렇지 그것이 결코 쉽지 않다. 어려운 불편임에도 우리가 그것을 기꺼이 감내하는 것은 실패가 주는 의미를 알기 때문이다.

우리가 세상을 사는 지혜는 실패에서 얻는 감각이다. 실패의 유익을 깨달은 사람은 세상을 이기는 탁월한 감각을 갖게 되는 것이다. 훌륭한 정치인, 탁월한 예술가, 성공한 기업인, 출세한 사람들의 면면을 보라. 그들의 감각과 깨달음은 실패에서 얻은 진리이다.

우리 시대의 문제는 지나친 성공주의다. 그리고 물질주의다. 우리가 세상을 사는 지혜를 얻게 하는 것은 가난이며 부족함이다. 가난이 없는 인생은 성공에서 무너진다. 실패가 없는 사람은 물질부요에서 무너진다. 이것이 우리 시대의 비극이다.

가난을 모르는 사람이 정상 인간이 되는 것은 기대하기 어렵다. 마찬가지로 실패를 모르는 사람이 행복하기는 지극히 드물다. 인간을 인간답게 하는 것이 가난이다. 사람을 사람답게 하는 것이 실패이다. 배고픔을 모르는 사람은 배부름도 모른다. 실패를 모르는 사람은 행복도 모르게 된다.

그러므로 나는 여러분이 실패를 두려워하지 않는 정신세계를 가지라는 것이다. 실패를 경험한 자만의 아름다운 인간세계가 있고, 가난을 경험한 자만의 견고한 승리 인생이 있다. 우리에게 축복이 되는 실패와 가난을 통하여 인생 진리에 이르기를 바란다.

26

요행을 바라지 말라

　　나는 서울에서 태어나고 자랐다. 그 때의 서울은 인구밀도가 엄청 높았다. 당시 서울 외곽이 마포와 흑석동, 약수동이었으니 지금은 감히 상상조차 되지 않는다. 그 좁은 공간에 지방에서 상경한 사람들이 달동네를 이루면서 살았다.

　　당시에는 한 집에 서너 세대가 단칸방에 세 들어 살았는데, 집집마다 자녀들이 네댓 명씩 있었으니 골목은 아이들로 넘쳐났다. 초등학교는 당시 '국민학교'라 하였는데, 한 반에 100명이 넘었다. 그러고도 감당하지 못해 오전반, 점심반, 오후반으로 3부제 수업을 하였다.

더 놀라운 것은 동네 친구들 가운데 중고등학교 진학률이 3분의 1도 안 되었다는 사실이다. 가난으로 인하여 상급학교에 진학을 못한 것이다. 그러면 남은 3분의 2의 친구들은 어디로 갔는가? 남녀가 달랐으니, 대다수의 남자들은 구로공단으로 가서 공장을 다녔고, 여자들은 대부분이 청계천으로 갔다. 남자들은 공장에서 기술을 배우고, 여자들은 주로 옷을 만드는 곳에서 미싱 기술을 배우며 생활을 하였다.

그런데 세월이 흐르면서 놀라운 변화가 일어난 것이다. 상급학교를 진학하여 정상적인 교육을 받으면서 사회에 진출한 친구들보다 그렇게 돈이 없어서 학업을 중단하고 힘들게 공장에 다니면서 기술을 가지고 사는 친구들이 어른이 되어 더 건전하게 잘 산다는 것이다.

당시에 동네에서 구로공단을 다니는 친구들을 '공돌이'라고 불렀다. 그리고 청계천에서 일하는 여자들을 '공순이'라고 하였다. 이렇게 비웃은 것이다. 놀림을 당한 사람들이다. 어린 나이에 쟤는 공순이, 쟤는 공돌이라고 조롱하며 놀았던 기억이 있다.

그런데 수십 년을 지나서 보니, 사회적 기반과 개인 경제의 건전성에서 조롱당하면서 살았던 공순이와 공돌이가 상급학교에 진학한 친구들보다 앞서가며 견고한 개인 경제를 이룬 것이다. 열심히 일하는 사람들이 실물 경제, 실제 경제에서 앞선 것이다.

지금 우리 사회가 이런 면에서 위기를 맞고 있다. 부자로 살면서 개인 경제가 부실하다는 것이다. 재산은 많은데 실제 경제는 깡통이라는 말이 나온다. 고급 자동차를 타고 세상을 누리면서 사는 것 같은데 내용 경제는 마이너스라는 것이다. 자신이 가진 재산보다 빚이 많다는 사실이다. 이렇게 보면 우리나라 가계는 부실 경제이다. 빚 부자, 대출 아파트, 할부 자동차를 타면서 사는 것이다.

문제는 이런 경우의 가정과 개인은 행복하지 않다는 것이다. 불안한 부자, 불안한 상류층! 모두들 긴장 가운데 사는 것이다. 그러다보니 부모를 바라보고 사는 자녀들이 가정의 행복한 온기를 제대로 누리지 못한다는 것이다. 이상한 아이로 성장한다. 비정상의 사람으로 가는 것이다. 마음은 차갑고, 생활은 바람에 날리는 것이다. 겉은 화려한 인생이지만 내면은 불안이다. 미안한 이야기이지만 나는 이것이 강남 스타일이라고 생각한다.

자녀들의 행복은 부의 정도가 아니라 집안에서 체감하는 온도이다. 따뜻한 부모, 훈훈한 집안 분위기, 그리고 온 가족이 화목한 가정의 온도이다.

얼마 전에 뉴스로 본 미국 캘리포니아에서 실종된 두 자매 이야기에서 나는 큰 행복을 보았다. 두 여자 아이는 낯선 동네에서 길을 잃었다. 밤새도록 6살 동생이 울자, 8살 언니는 동생을 달래면서 그동안 엄마 아빠와 함께 행복했던 일들을 생각하라면서 동생을 안아주었다는 것이다. 바로 이것이 우리 아이들이 바라는 행복이다.

우리 자녀들의 행복은 소박한 것이다. 좋은 집, 맛있는 음식, 강남 스타일이 아니다. 따뜻한 부모면 된다. 화목한 가정이면 대만족이다. 엄마 아빠와 장난치면서 재미있게 노는 것으로 아이들은 더 이상 바랄 것이 없다는 말이다.

부모 불화로 다투는 가정, 경제 불안으로 빚에 내몰리는 집은 아이들에게 치명적이다. 중요한 것은 언제나 정상적인 가정의 온도이다. 사람에게 필요한 따뜻한 온도라는 사실이다. 온도가 안 맞으면 병든다. 그리고 그곳에 사는 사람은 망가진다.

우리 사회에 바람 경제, 유행 경제, 부실 경제가 많다. 이런 위험한 경제와 비정상적인 경제에서 우리는 내 가정과 개인 경제를 보호해야 한다. 불화하는 부잣집보다 화목한 오두막이 훨씬 더 행복하다는 사실이다. 그러므로 우리는 시급하게 돈 병, 부자 병, 허황된 병을 치유해야 한다.

돈 많은 부자, 거대한 집, 세련된 문화인보다 하루하루를 알바와 일용직으로 살면서라도 가정의 온도를 안정시키는 것이 행복이다. 인간의 행복은 오늘이다. 오늘 잘 사는 것이 중요하다. 오늘을 망치는 것은 불행이다.

이런 면에서 인생을 보면 쉽게 풀린다. 답이 나온다. 그것은 내일이 아니다. 미래도 아니다. 바로 오늘이다. 오늘을 책임지고, 오늘을 행복하게 채워라. 오늘을 만족하게 하면 세상은 어렵지 않다. 오늘을 행복하게 살겠다고 생각하면 인생은 절대 고통이 없다.

인생살이가 힘든 것은 오늘의 고통 때문이다. 세상이 어려운 것은 오늘이 힘들어서이다. 우리는 인생 지혜가 필요하다. 간단하게 생각하는 것이다. 오늘을 누리는 것이다. 성경에는 "내일 일을 염려하지 말라"고 한다. 내일은 우리에게 모르는 날이다. 내 날은 오늘이다. 내 인생은 오늘이다. 그리고 내 세상은 오늘이다. 세상의 시작은 오늘이다. 인생의 출발도 오늘이다.

무엇이든지 스타트가 중요하다. 스타트에서 결정된다. 스타트가 좋으면 인생이 좋다. 스타트가 나쁘면 세상이 나쁘게 된다. 세상 스타트, 인생 스타트는 오늘이다. 오늘이 좋으면 내일이 좋은 것이 세상이다. 오늘이 행복하면 내일도 행복한 것이 인생이다.

지금 내가 여러분에게 던지는 강력한 메시지는 오늘을 책임지라는 것이다. 돈이 없어도 오늘 책임이다. 가난하고 망해도 오늘을 책임진다. 아무리 어려움이 커도 오늘을 분명하게 책임져라! 여기서부터 내가 산다. 내 가정이 살아난다. 내 가족이 산다. 그리고 내 자녀들이 일어나는 것이다.

이런 책임 인생을 365일을 살아 보라. 그렇게 1년, 2년을 살아 보면 나도 모르게 내 인생이 달라지는 것을 보게 된다. 내 가정이 든든히 선 것을 볼 것이다. 여기서 미래가 열린다. 그리고 노후가 만들어지는 것이다.

세상을 어렵게 보면 희망이 없다. 인생을 복잡하게 보면 길이 없다. 세상을 쉽게 생각하라. 그리고 인생을 간단하게 보라. 자신도 모르는 사이에 세상을 차지하게 된다. 내 자신이 생각하지 못한 일들이 벌어진다. 무슨 말인가? 오늘을 열심히 사는 사람에게 오는 시너지 효과는 상상하기 힘든 축복이 된다는 사실이다.

모든 복은 어디에서 오는 것이 아니다. 내가 복을 만드는 것이다. 그러므로 어떤 요행도 바라면 안 된다. 모든 사람에게는 다 복이 있다. 복이 없는 사람은 없다. 사람은 복을 받고 태어난 것이다.

그러면 이 세상에 불행 인생, 가난한 사람은 어떻게 된 거냐? 이런 사람들은 복을 잃어버린 것이다. 다시 말하면 이 세상에는 복을 지키지 못한 사람들 일색이다. 받은 복, 주신 복을 사람이 지키지 못해서 불행한 인생으로 전락한 상태이다.

어려운 사람, 가난한 인생을 유심히 살펴보면 복이 없는 것이 아니고, 복을 잃어버리면서 사는 것이다. 어떤 사람은 게으름, 어떤 사람은 허황됨, 어떤 사람은 복을 바라만 보다가 복을 잃어버린 것이다.

인간의 복은 차지하는 것이다. 복은 거두는 것이다. 이 세상에 나가서 복을 차지하면 내 것이 된다. 따라서 우리는 복을 차지하려는 노력과 수고를 아끼지 말아야 한다.

27

성공한 사람의 노하우

세상일들을 보면 비정상 아닌 곳이 없다. 달리 말하면 세상일들이 비정상에서 이루어지는 경우가 그만큼 많다는 말이다. 여기서 말하는 비정상이라 함은 비非논리이다. 되지 말아야 할 일이 되는 반면에, 되어야 할 일이 되지 않는 경우이다. 이런 경우에 여러 방법들이 동원된다. 힘이 동원되기도 하고, 능력 있는 사람이 나타나는 것이다.

그러므로 이 세상은 다양한 논리가 있다. 비논리, 비정상으로 보이는 방법들이다. 어떤 일에서 우리는 하나의 논리와 방법에 갇히기 쉽다. 하지만 다양한 논리가 있다는 것을 기억해야 한다.

한 가지 일을 놓고 전문가의 논리와 비전문가의 논리가 다를 수 있다. 그리고 열이면 열 모두의 논리가 다 다를 수도 있다. 그러므로 우리는 한 가지 논리를 고집하여 그것만이 전부라고 생각하면 극단적인 선택을 하게 되는 것이다.

이때 나오는 극단적인 선택이 무리수이다. 내가 가지지 않는 것을 가지려 들거나 내게 없는 것을 만들려고 한다. 그 과정에 거짓말, 사기, 죄된 방법을 동원하는 것이다. 그래서 사람들이 범죄자가 되며, 죄인이 된다. 이것은 매우 위험한 상황이다.

그러므로 우리는 무리수를 두기보다는 이때 지혜를 구하는 것이다. 전문가의 지혜, 경험자의 지혜, 선배의 지혜를 들어보는 것이다. 그러면 내가 알지 못하는 길이 보이게 된다. 내가 미처 생각하지 못한 방법이 나오게 된다는 것이다. 그리고 다양한 방법이 있는 것이다.

나는 어려움을 당하거나, 답이 없을 때에 스티브 잡스라면 이런 상황에서 어떻게 할까, 빌 게이츠 같은 사람은 어떤 방법을 쓸까, 지금 내가 당하는 고립이나 무기력에서 엘론 머스크는 어떻게 처신할까를 생각해보는 것이다.

이들은 혁신적 사고를 가진 사람들이다. 남들이 생각하지 못하는 생각을 하는 사람들이다. 다른 사람이 쓰지 않는 방법을 쓰는 사람이다. 이들은 분명 보통 사람이 아니다. 다른 사람에게 없는 무엇인가가 있는 사람들이다. 그래서 나는 이 사람들이라면 어떻게 해결할까를 고민하는 것이다.

우리가 세상을 내 생각과 지식만으로는 살 수 없는 것이다. 다 같은 재료를 가지고 김치를 담그는데도 맛은 제각각이다. 다 다르다는 것이다. 이것이 우리가 흔히 말하는 노하우knowhow이다. 남들이 알지 못하는, 자기만의 독특하고 효과적인 방법이 있는 것이다. 경험자에게 물어 보아야 한다. 그리고 전문가에게 배워야 한다.

성공하는 사람, 앞서가는 사람, 탁월한 사람에게는 지식 이상의 노하우가 있는 것이다. 내가 요즘 자주 만나는 사람 가운데 70대의 할머니 한 분이 계시다. 그런데 그 분과의 대화에서 깜짝 놀라는 경우가 자주 있다. 지식이나 공부는 내가 더 많이 하고 나을지언정 그 분에게서 내가 미처 생각지 못한 경험이나 지혜가 많은 것을 보고 놀라는 것이다.

할머니는 내가 알지 못하는 길을 알고 계신다. 내가 지식으로 알지 못하는 방법을 경험으로 알고 있다는 사실에서 많이 배우고 있다. 이 노인 역시 세상을 사는 지혜, 즉 남다른 노하우를 가지신 것이다.

노하우는 지식과는 비교가 안 되는 다른 차원의 것이다. 인간에게 보석이 있다면 노하우일 것이다. 우리는 노하우의 위대함을 알고 배워야 한다. 내 지식에 노하우가 필요하다. 그리고 내 방법에 노하우가 있어야 한다.

지금 말하는 노하우는 세상 노하우뿐만 아니라 인생 노하우도 필요하다는 사실이다. 지식 성공, 머니 성공, 기술 성공, 사람 성공에는 한계가 있다. 이런 것들의 한계를 뛰어넘는 것이 노하우이다.

그러면 노하우는 어디서 오는가? 인간의 탁월한 생각이다. 이렇게 보면 인간의 문제는 생각의 부족, 또는 생각의 한계이다. 열린 생각이다. 나아가 노하우는 핵심을 보는 초점이다.

나는 강의를 하면서 가끔 지식인들의 문제를 본다. 많은 것을 아는 사람이 핵심을 보는 초점이 없는 것이다. 많은 지식을 가진 사람이다. 그런데 그것들이 모두 아는 지식, 기억 지식, 논리 지식이다. 아는 것이 정말 많지만 세상 아이디어가 없다. 일 아이디어, 인생 아이디어가 없다.

이유는 무엇일까? 정리된 지식이 없기 때문이다. 이것이 암기식 지식, 주입식 지식의 한계이다. 사람의 노하우는 경험에서 온다. 성공의 경험, 실패의 경험에서 노하우는 오는 것이다. 그리고 깨달음에서 온다.

사람은 일에서, 그리고 세상에서 이러저러한 경험을 많이 하며 사는 것이다. 실패를 많이 경험한 사람은 세상일에 노하우가 있다. 이런저런 성공을 경험한 사람은 경제의 노하우, 즉 물질의 흐름을 읽는 노하우가 생기는 것이다.

인생 성공, 세상 성공, 경제 성공은 지식이나 기술 가지고 하는 것이 아니다. 노하우, 즉 깨달음이다. 여기서 중요한 것은 많은 경험이다. 성공을 위해서 살지 말라! 부자를 목표로 일하지 말라! 돈을 추구하는 인생을 살지 말라! 이런 것을 차지하는데 있어 더 중요한 것이 경험이다. 나는 세상 인생에서 가장 소중한 자원이 경험이라고 본다. 성공에서 중요한 것이 경험이다. 마찬가지로 실패에서 소중한 것도 경험이라는 사실이다.

인간의 문제는 경험 부족이다. 성공 경험이 부족한 사람은 인생을 누리지 못한다. 반대로 실패 경험이 부족한 사람은 세상을 자유하지 못한다. 이런 사람은 늘 세상이 두렵다.

사람이 행복하고 아름다운 인생을 살기 위하여 실패의 경험과 성공의 경험이 동시에 있어야 한다고 본다. 성공에서 겸손하고, 실패에서 인생을 배우기 때문이다.

유대인들은 어린아이에게 투자를 가르친다. 생일이나 기념일, 그리고 무엇을 잘하였을 때에는 반드시 돈을 준다. 그래서 유대인 아이들은 어릴 적부터 몇 백 만원, 심지어는 몇 천 만원을 개인자금으로 가지고 있다. 그리고 유대인 부모는 아이에게 투자를 하게 한다. 그러므로 유대인 아이들은 다 기업의 지분을 가지고 있다. 주식을 보유하는 것이다.

유대인들은 어린아이들도 경제력을 가지고 있다. 결혼을 하면 모든 비용은 부모가 책임진다. 그리고 축하금은 전부 신랑신부에게 지참금으로 준다. 유대인들은 인생 시작부터 든든한 경제력을 가지고 출발하는 것이다.

그런데 우리나라 사람들은 어떤가? 대학을 졸업하면 등록금 대출에 따른 빚이 몇 천만원에 이른다고 한다. 또 결혼을 하면서 빚을 진다는 것이다. 이렇게 빚을 떠안고 있으면 개인이 하고 싶은 일이나 창업하기가 어려워진다. 설령 시작한다 하더라도 또 대출을 이용하게 된다. 온통 빚이다. 이것은 투자 사업이 아니라 투기 사업이 되는 것이다. 여기서 대부분의 사람들이 실패하게 된다. 그래서 가정 위기, 인생의 위기로 몰리게 되는 것이다.

이제는 우리나라도 변화가 필요하다. 어릴 적부터 투자를 배우고, 투자 사업을 하는 것이다. 투자자를 모집하는 것이다. 주변에서 5~10명을 모아서 함께 사업을 하는 것이다. 그리고 지분을 나누는 것이다. 이렇게 함으로써 이익을 분배하는 것이다. 공동 투자 사업이 성공률이 높다는 것이다. 서로 협력하기 때문이다. 그리고 실패한다 해도 손해는 있어도 망하는 일은 없게 된다.

우리나라의 창업은 무리하게 혼자서 하는 개인 사업이 대부분이다. 공동투자 개념이 없다. 사업비용이 5천만원이라면 10명이

500만원씩 투자하면 된다. 그리고 경영도 함께하면서 일하는 시급을 받는 것이다. 이제 우리나라도 이런 공동투자 사업을 통하여 수입도 올리고 일자리도 만들어야 한다. 설령 잘못되어 실패한다 해도 개인 경제가 파산하는 것을 막아야 한다.

28

뛰어난 외모

21세기는 큰 역사의 흐름이 바뀌는 시대이다. 20세기는 정치 민주화 시대로 보냈다. 이제 21세기는 전혀 새로운 패러다임 시대이다. 그것이 바로 포스트모던 세상이다. 기존의 모든 틀을 벗어난 시대이다.

이 말은 지금까지 가지고 살아온 사고와 견해가 근본적으로 바뀌어 인식의 변화가 온다는 것이다. 21세기는 역사와 정신과 사상에 새로운 변화가 일어난다는 것이다.

우리가 지금까지 인간의 고귀함을 정신세계로 보았다. 정신을 인간의 최고 가치로 알고 그렇게 살아왔다. 그리고 사회적 인간의 가치를 사상으로 보았다. 이 사상이 근대 역사를 주도하였고, 그 공로가 오늘 우리가 사는 발전과 성장을 이루는 모토이다.

이것은 누구도 부인할 수 없는 실제적인 사상이다. 여기서 인간의 위대함이 드러난 것이 사실이다. 아름다운 사회를 만들었다.

그런데 21세기는 이런 정신과 사상에 일대 변혁이 일어난다는 것이다. 그동안 인간의 위대한 가치를 보이지 않는 정신과 사상으로 나타내었다면, 이제 21세기에는 외면으로 보이는 시각으로 드러나는 문화 세상이다. 그동안의 역사는 성장 발전이 모토가 되어서 과학기술이 주도 하는 세상이었다면, 21세기는 화려하게 보이는 아름다움이 주도하는 인간 세상이 된다는 것이다.

우리 시대의 의미는 아름다움이다. 아름다움이 진리이다. 아름다움이 옳은 것이다. 아름다움이 상품이다. 아름다움이 가치이다. 아름답지 아니한 예술은 없다. 아름다움이 없는 문화도 없다.

과거 역사의 아름다움은 소설이었다. 눈물의 아름다움, 비극의 아름다움, 가난과 인내의 아름다움, 환란을 견디는 아름다움, 희생의 아름다움 세상이었다. 이것이 소설이었으며, 영화의 시나리오였다.

우리 어머니들의 아름다움은 내면이다. 인간의 아름다움은 희생이었다. 참고 견디고 매 맞으면서 눈물의 빵을 먹는 아름다움이다. 배고픔과 당함을 감수하면서 사는 운명적 아름다움이었다.

그런데 오늘 우리 시대는 이런 아름다움은 없다는 것이다. 화려함이 아름다움이다. 정상이 아름답다. 승리가 아름답다. 이것이 우리 시대의 변화이다. 내용이나 의미는 없이 이제는 눈에 보이는 아름다움이 있어야 한다.

우리 시대의 대표적 특성 가운데 하나가 모든 상품에서 1순위는 디자인이라는 사실이다. 재미있는 것은 명품이다. 옛날 명품은 품질이었다. 튼튼하고 오래 쓸 수 있는 것이었다. 지금은 품질이 아니다. 디자인이다. 눈에 보기에 아름다운 것이 명품이다. 이런 면에서 앞서가는 대기업들이 디자인 경쟁을 벌이는 세상이다.

세계적인 명차들을 대부분 유럽에서 만든다. 벤츠, BMW, 아우디가 다 독일 차이다. 이 차들을 명품이라고 하는 것은 품질도 물론이거니와 디자인이 빼어나서이다. 세계인들이 이런 차를 선호하는 결정적인 이유는 디자인이다. 몇 십 년이 지나도 명품 디자인은 초라해지지 않는다는 것이다. 언제 어디서나 그 차는 아름답다는 것이다. 이것이 우리 시대의 흐름이면서 추세이다.

그런데 놀랍게도 디자인이 이런 상품에서만 일어나는 것이 아니라는 것이다. 이런 디자인 시대가 사람으로 가고 있다는 것이다. 지금껏 사람들이 선호하는 것은 능력 있는 사람, 다시 말해 지식인, 대기업에 다니는 사람, 전문가, 개인 수입이 많은 사람이었다고 한다.

그런데 이제 사람을 선택하는 기준이 다르다. 능력보다 더 중요하게 보는 것이 있다는 것이다. 대기업이나 백화점, 호텔의 인사 담당자 이야기를 들어보면 사람을 선택하는 기준이 이런 능력이 아니라고 한다. 그러면 무엇인가? 외모이다. 요즘 추세는 심지어 남자도 외모라고 한다.

그럼 왜 이렇게 외모를 중시하는 것일까? 요즘 비즈니스에서 중요한 것이 외모라고 한다. 아름다운 사람이 제일 설득력이 있다는 것이다. 화려한 사람이 가장 고객들에게 호감을 받는다고 한다.

미용실과 식당 사업으로 크게 성공한 친구가 있다. 그가 하는 사업마다 대박을 터트렸기에 성공 비결이 뭐냐고 물으니, 놀라운 것은 잘 생긴 대학생들과 아르바이트를 하는 배우 지망생들을 데려다가 돈을 곱절로 주면서 일을 시킨다는 것이다. 아름다운 사람들이 일하는 업소에 많은 사람들이 몰린다는 것이다.

사람에게 중요한 사회성은 이제 능력에서 외모로 옮겨간 것이다. 그러므로 우리도 외모를 무시하지 말아야 한다. 부모로부터 물려받은 자신감 떨어지는 외모에 분명 실망하는 사람도 있을 것이다. 그러나 실망할 필요 없다. 사람은 누구나 아름답다는 사실이다.

우리 시대는 모태 미인, 모태 아름다움은 식상한 것 같다. 나는 북한식 미인은 싫다. 꼭 조선시대의 미인 같다. 그리고 요즘 우리나라 사람들을 보면 남자나 여자 할 것 없이 다 스타급이다. 세계는 그런 한국 사람에게 열광한다. 그들이 하는 이야기를 들어보면 어떻게 한국 사람은 그렇게 피부가 희고 아름답냐는 것이다. 대한민국 사람은 다 멋있다고 한다. 이것이 지금 한국 사람을 바라보는 세계인들의 시선이다.

이 부분은 21세기에 대한민국 사람을 주목하는 화두라는 점에서 매우 고무적이다. 이제 한국 사람이 상품이다. 한국인이 탁월한 명품이라는 것이다. 이런 면에서 방탄소년단을 보라. 정말 아름다운 사람들이다. 단순한 예술적 가치만이 아니라 사람 자체가 예술이라는 말이다. 사람이 자원이다. 사람이 가치이다.

세계가 한국 사람을 우러러본다. 국제공항에는 세계인이 섞여서 움직인다. 여기서 눈에 띄게 빼어난 사람은 역시 한국 사람이라 한다. 옷을 잘 입는다는 것이다. 이것은 사치와는 다르다. 문화를 입는 아름다운 사람이라는 것이다.

나아가 이것은 신체적인 조건을 초월하는 것이다. 뚱뚱한 사람은 뚱뚱한 대로 아름다울 수가 있다. 작은 사람, 왜소한 사람도 옷을 잘 입으면 얼마든지 아름다울 수가 있다. 이런 아름다움이 어디에서 오는가? 화장이다. 전통적인 화장품의 나라 프랑스가 우리 화장 기술을 본받아야 된다고 말한다. 이런 미적 감각에서 한국 사람이 세련되었다는 사실이다. 신체적인 단점을 보완하기보다는 그대로 세련되는 것이 좋다.

일단 사람은 세련된 문화를 보여야 한다. 이것은 외모 문제나 경제 수준을 넘어서는 것이다. 있는 단점을 그대로 두고 오히려 헤어스타일이나 패션 감각에서 더욱 세련되게 하라는 것이다. 그것이 앞서가는 스타일, 신체적 단점을 커버 하는 스타일, 그리고 자신감이다.

멋있는 사람의 포스가 있다. 당당하게 걷는 것, 강력하게 걷는 것과 카리스마가 느껴지는 인상이다. 눈에 힘이 없는 사람, 얼굴에 힘이 없어 보이는 처진 얼굴, 자신 없이 히죽히죽 웃는 어설픈 태도, 그리고 굳어 있는 인상은 아름다움의 반대이다.

얼굴은 밝고, 표정은 힘이 있어야 한다. 그리고 지적인 분위기가 나게 하는 것이 아름다움이다. 분명한 태도가 세련된 것이다.

한국 사람들은 옷을 잘 입는다는 말을 많이 한다. 이것은 대단히 중요하다. 옷을 입을 줄 안다는 것은 고급 문화가 있다는 것이다. 그리고 이것은 앞선 감각 문화이다.

나를 아름답게 가꾸어야 한다. 내 자신이 상품이 되도록 하는 것이다. 아름다운 사람에게 세상 기회가 많이 주어지는 것이다. 내가 아름다울 때 세상은 넓어진다. 이것은 누구에게나 해당되는

말이다. 실패와 가난에서도 아름다워야 한다. 내가 어떤 장애와
핸디캡이 있어도 아름다운 사람에게는 기회가 열린다는 것이다.

주변에서 아름다운 사람을 만나라!

29

가난 대물림 끊기

가난 대물림 시대이다. 이 부분을 우리는 돌파해야 한다. 그리고 반드시 끊어야 한다. 가난한 사람의 문제는 사회적으로 부자가 될 수 있는 기회가 없다는 것이다. 그것은 개인이 돈을 벌기가 어려운 사회 시스템 때문이다.

이전 시대에는 자본 투자가 거의 없는 장사와 소규모의 공장들이 많았다. 사회적으로도 노력하면 돈을 벌 수 있는 분위기가 있었다. 소위 구멍가게들, 노점상, 보따리장사들이 돈을 벌기도 하였다. 그런데 지금은 모든 사업이 투자이다. 돈 없는 사람들이 할 수 있는 사업이 없다.

게다가 이전 시대처럼 소비심리가 있는 것도 아니다. 가난에서 벗어나려 애쓰던 시절에는 소비가 대단하게 일어났다, 그러나 이제는 다이어트니 빈티지니 하면서 먹는 것과 입는 것을 포함하여 사람들이 안정적이다. 더 이상 남들에게 과시하려 무리를 한다거나 주변의 눈치를 보면서 살지 않는다. 따라서 그런 의식주 문화에서 자유로운 분위기가 되었다.

내가 약수동 쪽에서 살던 어린 시절에는 동네 친구들 아버지가 대부분 뭔가를 고치는 기술자였다. 새 것을 사기보다는 고쳐 쓰는 열풍시대였다. 길거리 골목들이 대부분 뭔가를 고치는 집, 수리하는 곳이었다. 집에 앉아 있으면 아저씨들이 골목을 오르내리며 "구두 고쳐요", "우산 고쳐요", "냄비 때워요"라는 외침소리들이 들려왔다.

모든 것이 풍요로워진 지금은 기술 발달과 전자시대가 되어서인지 일반인들이 하는 그런 일들이 사라지고 말았다. 자신이 가진 재주로 먹고살기가 힘들어지게 되었다.

그때 내 어머니도 노점에서 떡 장사를 하셨다. 우리 옆집 아주머니는 머리에 함지박을 이고 다니면서 묵 장사를 하셨다. 골목길에서 놀다보면 옷 장사, 화장품 장사, 엿 장사 등 온갖 장사들이 지나간다.

지금 우리 시대는 개인이 할 수 있는 사업이 거의 없다. 대기업과 대형 마트들이 골목시장을 잠식해 버렸다. 심지어는 떡볶이 가게나 분식집도 브랜드화 되었다. 일반인들이 손수 무엇을 해서 돈을 번다는 것은 옛날이야기이다.

얼마 전까지만 해도 가난한 사람이 먹는 음식과 돈 없는 사람이 가는 곳이 구별이 있었다. 지금은 이런 구별이 없다. 가난한 사람이나 부자가 먹고 사는 것이 다 같다. 옛날에는 가난한 사람들은 고기를 못 먹었다. 그리고 맥주는 부자들이 먹는 것이었다. 그런데 지금은 돈 없는 사람도 먹는다. 여기서 그만큼 사회적 비용이 많아진 것이다. 그러므로 돈을 모은다는 것이 어렵게 되었다. 다 자가용을 굴리고 다닌다. 다 핸드폰을 쓴다. 다 휴가여행을 간다. 어린아이에서 노인에 이르기까지 모두 사용하는 것이 같다.

나는 이 부분을 지적하고 싶다. 돈을 모으려면 따라 가지 말아야 한다. 부자가 되려면 따라 하지 말아야 한다. 가난을 끊으려면 따라 살면 안 된다는 것이다. 이것이 지금 우리가 처한 현실의 문제이다. 누가 하면 전 국민이 다 따라 한다. 이런 역사와 이런 국민은 우리 외에 없다, 어떤 것이 유행하면 곧바로 따라 한다. 다 등산복을 입는다. 다 최신 핸드폰을 쓴다. 다 자가용을 탄다.

이런 문제로 가난한 사람들이 수렁에 빠진다는 것이다. 대기업의 마케팅과 언론의 홍보에 말려드는 것이다. 한 줄로 세워 놓고 대기업들은 가난한 사람의 땀 묻는 돈을 몰아가는 것이다. 이제 똑똑한 소비자, 현명한 경제인이 되어야 한다.

아주 쉽게 가난을 끊는 방법이 있다. 3년에서 5년 정도 열심히 일하면서 절제하는 생활을 하는 것이다. 다시 말하면 시대 유행을 따르지 아니하고 내 스타일로 사는 것이다. 내 계획대로 가는 것이다. 이렇게 산다면 몇 년 내에 현금 1억원은 모아진다. 겉치레 체면을 버리고 효도니 명절, 기념일, 여행, 휴가를 모조리 절제한다고 생각해 보라. 이 돈이 5년이면 얼마가 되는지 파악해 보라. 생활비도 빠듯할 정도로 아끼고 절약해서 살아보기를 권한다. 이렇게 몇 년, 즉 5년을 산다면 현금부자가 되게 된다.

앞으로의 부자는 현금이다. 더 이상 부동산, 집, 땅이 아니다. 이런 것보다 현금이 크다는 사실이다. 여기서 기억할 것이 있다. 현금 1억원을 모으는 것이 중요하다는 것이다.

물론 보통사람이 현금 1억원을 모으는 것은 쉽지 않다. 하지만 현금 1억원을 확보하면 그 다음에 10억원을 모으는 것은 그다지 어렵지 않다는 것이다. 그러므로 가난한 사람이 넘기 어려운 문턱은 1억원이다.

여러분은 1억원 현금의 위력을 아는가? 사실 보통사람이 가장 모으기 힘든 것이 1억원이다. 하지만 가난한 사람이 현금 1억원을 가지면 그 사람의 분위기가 달라진다. 그동안 이 돈을 모으기 위해 하지 못한 것, 쓰지 못한 것, 갖지 아니한 것들에서 자유하게 된다. 그런 것들은 가난할 때 중요하였다. 이제 현금을 가진 사람이 되면 다른 것은 없어도 된다. 다시 말하면 이제는 갖고 싶지도 않게 된다. 가난하기에 뭔가를 그토록 집착하게 되는지 현금 1억원을 수중에 갖고 있으면 그런 마음이 싹 사라진다. 이것이 큰 차이점이다. 돈이 없을 때는 왜 그렇게 갖고 싶은지, 돈을 가지면 그런 것들은 내 관심사가 아니다. 이런 경지에 이르면 그 사람은 반드시 부자가 될 수밖에 없다.

그리고 가난한 사람이 부자로 가는 과정에서 현금 1억원을 모으는 방법 하나를 더 제시한다면 집 문제, 자동차에 대한 집착, 스마트폰, 문화생활에서 자유하는 것이다. 이런 부분에서 자유인이 된다면 매월 몇 백 만원이 세이브 된다.

물론 요즘 시대에 우리가 절제한다는 것은 분명히 어려운 일이다. 평상시처럼 생활해가면서 자린고비가 된다는 것은 독하지 아니하면 못한다. 남들에게 욕을 먹는 일이다. 정말 눈을 감고, 귀를 막아야 가능하다. 지독한 독종이 되어야 가능하다.

우리가 왜 이렇게 해야 하는가? 부자가 되는 것이 목표 인생은 아니다. 그럼에도 불구하고 부자가 되어야 하는 것은 궁극적으로는 가난 대물림을 막아야 하기 때문이다. 내 가난이 자녀에게로 넘어가는 것을 우리는 막아야 한다는 사실이다. 노력해도 가난을 벗어나지 못하는 기울어진 운동장을 물려줄 수밖에 없다는 것이 두려운 것이다.

내 가난을 자녀에게 물려준다는 것은 있을 수 없는 일이다. 그것은 또 다른 의미의 죄이다. 내 몸이 부서지는 노력과 절약으로 눈뭉치를 만들고, 그것을 굴리고 굴려 출발선은 얼추 맞춰줘야 하지 않을까. 그런데 앞으로는 사회 흐름상 후손에게 물려줄 수밖에 없는 시스템이다. 이미 말씀드렸듯이 사회가 불평등으로 가고 있다. 부자는 부를 세습하고, 가난한 사람은 빈貧을 세습할 수밖에 없다.

이 부분에서 국가의 책임도 있다. 이제는 정부가 빈부격차를 줄여 주어야 한다. 그것이 분배이다. 우리나라의 국가 소득, 대기업 소득, 부자와 상위층의 소득 수준은 OECD 국가 중에서도 높은 편이다. 이것을 국민, 즉 개인에게 적절히 분배하는 정책이 나와야 한다. 그렇게 되면 사회적 갈등을 해소하게 되며, 소비심리가 일어나서 시장경제가 활성화되는 것이다.

지금 우리나라는 국민의 소비심리가 바닥이다. 경제적 불안 요인으로 사람들이 위축이 되어서 돈을 쓰지 못하는 것이다. 이것은 국가적으로 대단히 심각한 문제이다. 시장경제가 죽는 문제이다. 이것을 살리는 것이 개인생활 보장이다. 이렇게 되면 생활에 불안 요인이 제거되어 사람들이 돈을 쓰게 된다. 그리고 여기서 시장경제는 활성화된다.

　이런 정치가 필요하다. 이런 미래 비전을 가진 지도자가 나와야 한다. 국가가 국민생활을 책임지는 정치, 그리고 정부가 개인생활을 보장하는 정치인을 지도자로 세워야 한다.

30

자
기
주
도
적
으
로 살
기

우리나라는 반만 년의 유구한 역사 동안 무수한 외
침을 받아왔고, 그것을 잘 극복해 오늘에 이르렀다. 우리나라 주
변에는 강대국들이 이웃해 있다. 바로 중국과 러시아, 일본이다.
그런데 여기서 우리가 역사적 사실을 기억해볼 것이 있다. 미국
이 우리나라의 우방이 된 것이다.

근대 역사 70년을 돌아보면 대한민국은 지금까지 미국과 동맹
관계이다. 아시아, 동양권에서 유일하게 미국 문화를 가진 국가
가 대한민국이다. 거기다가 정신세계와 사상, 그리고 정치도 미
국을 그대로 이어가고 있다. 대부분의 법이 미국 법에서 온 것이

다. 그런 연유로 말미암아 오늘날 자유민주주의가 굳건히 정착되었으며, 경제성장을 이루어 OECD 국가의 일원이 된 것이 사실이다.

그리고 대한민국 국민으로서 놓칠 수 없는 역사적 사실 하나가 있다. 기독교가 도입되었다는 것이다. 강력한 불교권과 유교권에 속해 있는 작은 나라에 기독교가 도입된 것은 미국 선교 역사의 영향이다. 그리고 선진국으로 진출하는 원동력이 되었다. 미국의 영향이다.

기독교 의식과 선진사상을 대한민국이 일찍이 가진 것이다. 법과 정치가 미국을 본받은 것이다. 그리고 선진교육, 선진의료, 선진문화를 도입하였다. 우리는 세계화로 나간 것이다. 지금 우리나라가 지식세계는 물론 영화, 음악, 스포츠 등 다양한 분야에서 세계적이라는 사실이다.

마찬가지로 우리 인생도 그렇다. 누구의 배경으로, 어떤 사람의 도움으로, 가진 재산을 의지하는 물질주의로는 분명히 한계가 있다. 독립인생, 독립정신, 독립가장, 독립경제로 나아가야 한다. 다시 말하면 자기 주도적인 인생을 살아야 한다는 말이다.

여기서 문제는 의존적 사고이다. 우리가 적어도 대학 이후에는 책임 인생을 살아야 한다는 생각이다. 내 힘으로 세상을 사는 것이다. 부모 의존 없이 독립적 인생을 살아야 한다. 사람의 가장 큰 복이 독립이다. 인간의 최고 능력이 자기 주도이다.

사람은 자기 주도적일 때 상상할 수 없는 능력을 발휘하게 된다. 그런데 이상하게 인간은 자기 주도적 인생을 두려워한다. 부모를 의존하거나, 어떤 사람을 따라 가는 인생을 살다가는 창의적 인생은 없게 되는 것이다. 불만과 원망만 쌓이게 된다.

어느 시점에서는 나 홀로 창공을 날아야 한다. 놀라운 것은 날아가는 힘, 즉 능력이 충분히 나에게 있다는 것이다. 이 부분을 우리 앞에 증명해 보이는 인물들이 바로 스티브 잡스, 엘론 머스크, 빌 게이츠이다.

현실세계에서 혁신적인 기업을 이루고 성공한 이들의 성공 이면을 들여다보면 무엇보다 자기 주도적이다. 가진 것, 배운 것, 있는 것으로가 아닌 다른 생각, 앞선 생각, 없는 생각이다. 내가 이들에게 박수를 보내는 것은 그들의 탁월한 생각이다. 혁신적 생각, 비범한 생각, 세상에 없는 생각이다. 자기 생각을 그림으로 그려낸다. 그리고 그 생각을 믿고 따라간다. 무한한 생각을 펼치는 것이 오늘의 세계적 기업이다. 놀라움을 금할 수가 없다.

따라 하지 말라. 남들이 하는 대로 하지 말라. 다른 사람이 가는 길을 가지 말라. 내 길을 가라. 내 일을 하라. 내 그림을 그려 나가라. 그리고 내 생각을 제한하지 말아야 한다.

능력이 무엇인가? 생각이다. 돈은 생각이다. 자원이 생각이다. 그러므로 돈으로만 세상을 보지 말라. 상황으로만 인생을 살지 말라. 보이는 것을 가지고 일하는 것은 안 된다. 나에게 가장 중요한 힘은 생각이기 때문이다. 생각이 새 것이다. 세상에 없는 유일한 아이디어가 생각이다. 모든 사람에게 없는 능력이 나에게 있다. 그것이 바로 내 생각이다.

지금 자본주의 사회에서는 모든 것이 자본에서 출발한다. 자본이 능력이다. 자본이 아니면 아무것도 못한다는 말이 팽배해 있다. 돈도 자본으로 번다. 성공도 자본이 있어야 가능하다. 일류 대학을 가는 것도 자본력이다.

그런데 나는 이런 논리에 동의하지 않는다. 세상은 절대 돈으로 되지 않는다는 것이다. 인생은 물질 따라 가지 않는다. 그렇다면 세상과 인생은 무엇을 따라 된다는 것인가? 사람이다. 돈 대로가 아니다. 물질 따라가 아니다. 경제 능력으로는 절대 행복이 없다. 자본, 즉 물질은 사람을 무너지게 하는 것이다.

세상의 중심, 사회의 핵심은 언제나 사람이다. 좋은 사람, 똑똑한 사람, 유능한 사람, 용기 있는 사람에게 돈은 흡수되게 되어 있다. 이 세상의 모든 돈은 이런 탁월한 사람에게로 모이는 것이다. 중요한 것은 돈이 아니라 사람이라는 것을 기억해야 한다. 건강한 사람, 용기 있는 사람, 도전하는 사람, 생각을 가진 사람에게로 세상 돈은 따라 붙게 되어 있다.

나는 어떤 사람인가? 이 부분을 분명하게 체크해야 한다. 세상에서 가능하게 하는 키key, 사회에서 통하는 마스터키는 사람이다. 다른 사람, 새로운 사람이다. 그러므로 우리가 무엇을 가진 것보다 좋은 사람이 되는 것이 제일이다. 마스터키 같은 사람을 돈은 기다리고 있다.

31

종교를 가져라

    우리가 세상을 산다는 것은 사람들과 어울린다는 것이다. 사람들과의 어울림에서 인생의 모든 길이 열린다. 무슨 말인가 하면 세상은 혼자 사는 것이 아니라는 말이다. 세상에 독불장군은 없다.

    이 부분이 우리 시대의 안타까움이다. 자기 능력, 또는 자신의 지식이 있으면 얼마든지 세상을 살 수 있다는 것이 우리 시대의 의식이다. 이것은 오만이다. 사람을 만나고, 사람들과 어울리지 아니하고는 되는 일이 없다.

    생각해 보라. 지금까지 살아온 인생의 모든 역사들이 결정적으로 사람의 인도하심에서 일어났다는 것을 알게 된다. 그러므로 우리는 좋은 사람을 만나야 한다. 만남처럼 중요한 것이 없다. 만남을 강조하는 것은 지나치지 않다.

우리가 대학을 가는 중요한 이유가 학문 정진과 함께 어쩌면 평생을 믿고 의지할 친구 만남이다. 우리가 군대를 가야 하는 유익이 어디에서도 얻을 수 없는 인간의 끈끈한 우정을 거기에서 만나는 것이다.

지금 우리 시대가 훌륭한 문화를 가지고서도 겨울 날씨처럼 스산한 것은 이웃의 해체 때문이다. 사회에서 제일 중요한 사람과의 만남이 이웃이다. 이웃 공동체가 자본주의 시대에 없어진 것이다. 이것은 인생에서 엄청난 손실이다. 정말 우리가 세상을 살면서 필요한 사람과의 만남인 이웃이 없다는 것은 슬프다.

사람은 살면서 부모와 가족을 떠나게 된다. 그리고 고향 사람들과 학교 친구들과 헤어지게 된다. 여기서부터는 만나는 사람이 거래적이다. 일로 사람을 만난다. 나아가 모든 사람과의 이해관계에 놓인다. 다시 말하면 만나는 모든 사람들이 비즈니스 관계라는 것이다. 여기에는 긴장감과 경쟁이 치열하다. 머리를 쓰는 만남이다. 전투적이다.

그러므로 피곤하다. 서로가 키를 잰다. 누가 더 크냐, 누가 더 잘하느냐, 누가 더 앞서 가느냐, 누가 더 많이 갖고 있냐의 보이지 않는 전쟁터라는 것이다. 모든 사람이 다 이해관계, 경쟁관계라는 것이다.

이것이 세상 사람의 일상이다. 여기서 밀리면 큰일이 나는 것이다. 서로 물고 물리는 역학 관계에서 사회생활을 하는 것이다. 이런 세상 사회에서 전혀 다른 시스템의 만남을 나는 추천한다. 그것은 종교이다. 경쟁이 없는 만남, 비즈니스가 없는 만남, 이해관계가 없는 만남은 종교뿐이다. 거기에는 빈부 격차도 없다. 소외도 없다. 그리고 어떤 차별도 없는 것이 종교이다.

서로 사랑하는 것, 이해하고 격려하는 것이 종교이다. 나아가 종교는 서로를 위로하는 것이다. 이 세상 문제는 위로가 없다는 것이다. 모든 것이 다 있는 세상이지만 없는 것 하나가 있다면 위로이다. 이것이 종교에 있다는 사실이다.

사람은 종교가 필요하다. 이 세상 어디에도 없는 따뜻함이 종교에 있기 때문이다. 이 위로는 우리에게 힘을 주는 것이다. 세상이 위험한 것은 힘을 빼앗아 간다는 것이다. 그래서 사람을 경계한다. 의심을 한다. 될 수 있으면 사람을 멀리하고, 피하기도 한다. 여기서 오는 것이 외로움이다.

이 외로움을 달래보려는 출구가 술, 오락, 향락이다. 그런데 이것은 더 큰 위험 요소이다. 또 다른 망가짐으로 가는 것이다.

내 문제를 우리는 적극적으로 풀어야 한다. 일시적인 도피는 우리를 파괴시키는 중독에 이르게 하는 것이다. 여기는 사실 막다른 길이다. 내 문제, 나의 괴로움과 소외는 사람과 풀어야 한다. 새로운 사람을 만나야 한다. 거기가 종교이다. 건전한 종교, 건전한 신앙이 요구된다.

우리가 세상을 살면서 필요한 것이 종교이다. 우리는 인생의 보따리를 사회에서 풀어야 한다. 대부분의 선진국은 기독교 국가이다. 기독교 국가가 아닌 선진국이 드물다. 이것은 어느 종교를 두둔하거나 폄하하는 것은 절대 아니다. 그것은 최소한의 예의도 없는 무례이다.

한편 대부분의 저소득 국가와 독재국가는 근본적인 원인 제공을 종교가 한다는 사실이다. 동남아시아의 몇몇 국가들과 아프리카의 많은 국가들이 여전히 가난과 폭정에서 헤어나지 못하는 원인이 종교에 있다는 것이다. 신에 중독, 신에 열광하는 광신도들이다. 그들의 어려운 처지가 신의 뜻이라고 합리화한다. 그리고 그 종교와 신앙을 이용하는 것이 정치지도자들이다.

이런 면에서 우리는 종교를 예의주시해야 한다. 미국은 기독교 국가이다. 그들이 사용하는 법과 정치, 그리고 사회 문화가 기독교이다. 유럽은 가톨릭과 정교회, 유대교를 포함하는 기독교 국가들이다.

세계사를 보면 주류를 형성하는 역사 그룹이 기독교이다. 나아가 사회 주류, 정치 주류, 심지어는 경제 주류가 기독교라는 사실을 주목해야 한다. 이 세상의 주류 문화가 기독교이다. 이것은 종교 편향적인 말이 아니다. 객관적인 현실이다.

우리나라 역사를 보자. 민주화를 이루고, 선진문화를 형성하면서 산업화와 OECD 국가의 반열에 이르게 하는 정신과 사상이 기독교라는 것이다. 이런 면에서 보면 아시아권에서 우리나라가 거의 유일하다.

그러므로 우리는 사회에서 주류 문화에 들어가야 한다. 기독교를 제외하고는 세계화를 말할 수 없다. 미래 역사는 이제 세계화이다. 이런 세계화의 정신과 사상이 기독교이다.

우리에게 필요한 정신사상이 기독교이다. 기독교를 교회로 보지 말라. 기독교를 신앙으로 평가하지 말아야 한다. 그리고 기독교를 윤리로 판단하지 말아야 한다. 모든 사람은 타락하고 부패한 것이다. 기독교도 마찬가지다. 똑 같은 연약한 인간이다.

그런데 왜 기독교인가? 기독교는 세상의 주류, 사회의 주류, 정치경제의 주류라는 사실에서이다. 이 세상 사회에서 주류를 형성하는 기독교의 뛰어남은 교회에 있지 않다. 그리고 신앙에서 발견되지도 않는다.

그러면 기독교의 우수성은 무엇이라는 말인가? 정신과 사상이다. 한마디로 기독교가 주류를 형성하는 이유는 생각이라는 사실이다. 사람에게 중요한 것은 생각이다. 생각이란 헤아리는 것, 판단하고 인식하는 능력이다. 인간이 다른 피조물과 비교할 수 없는 구별이 생각이다. 사람은 생각하는 기능이 있다. 생각하기 때문에 위대한 존재이다.

기독교를 포함하는 모든 인간은 타락한 상태이다. 사람의 마음과 생각이 부패한 것이다. 여기에 기독교의 우수성이 있다. 기독교의 탁월함은 근본을 생각한다는 점이다. 사람을 생각하며, 세상을 생각하고, 영원을 생각한다. 나아가 은혜를 생각하는 것이다. 존재의 은혜, 삶의 은혜이다. 특히 사람과의 만남의 은혜가 크다는 것이다.

이것이 과학에는 없다. 이런 생각이 철학에는 없다. 그리고 인문학에도 없다고 볼 수 있다. 이들의 해석은 모른다는 것이다. 여기서 기독교의 정신사상은 분명하다. 인간의 미래는 영원무궁이다. 이런 정신이 세계화로 이어진다. 이런 사상이 혁신적 사고로 나아가 무한한 가능성을 이루는 것이다.

여기서 인간은 도전하며, 모험으로 나아가는 것이다.

Again 개인 경제

지은이 | 정홍암
펴낸이 | 박영발
펴낸곳 | W미디어
등록| 제2005-000030호
1쇄 발행 | 2019년 5월 18일
주소 | 서울 양천구 목동서로 77 현대월드타워 1905호
전화 | 02-6678-0708
e-메일 | wmedia@naver.com

ISBN 979-11-89172-25-1 03230

값 11,000원